高职学生资助工作
与资助育人新探究

杨砚池　张　玮　著

中国书籍出版社
China Book Press

图书在版编目(CIP)数据

高职学生资助工作与资助育人新探究/杨砚池,张
玮著.--北京:中国书籍出版社,2024.11.--ISBN
978-7-5241-0099-7

Ⅰ.G719.20

中国国家版本馆 CIP 数据核字第 2024YQ3578 号

高职学生资助工作与资助育人新探究

杨砚池　张　玮　著

策划编辑	成晓春
责任编辑	李　新
封面设计	守正文化
责任印制	孙马飞　马　芝
出版发行	中国书籍出版社
地　　址	北京市丰台区三路居路 97 号(邮编:100073)
电　　话	(010)52257143(总编室)　(010)52257140(发行部)
电子邮箱	eo@chinabp.com.cn
经　　销	全国新华书店
印　　刷	北京市怀柔新兴福利印刷厂
开　　本	710 毫米×1000 毫米　1/16
字　　数	201 千字
印　　张	10.5
版　　次	2025 年 5 月第 1 版
印　　次	2025 年 5 月第 1 次印刷
书　　号	ISBN 978-7-5241-0099-7
定　　价	72.00 元

前　言

　　资助育人是促进教育公平和社会公正,构建社会主义和谐社会的重要举措。本书从高职学生资助工作视角分析和研究资助育人。

　　首先,归纳总结高职学生资助工作的历史变迁及研究现状;其次,围绕资助育人工作目标以及资助育人的实效性两个方面进行研究;最后,从以学生为主体的视角出发,借助高职发展型资助育人体系的优解——"双线模式",提出促进经济困难学生心理健康发展的新路径——基于音乐疗法的心理资助。通过本研究,有助于推动高职学生资助育人工作的开展,对培养担当民族复兴大任的时代新人具有重要的理论意义和实践意义。

　　笔者在撰写本书时查阅了一些相关文献,内容丰富翔实,论述综合全面,语言通俗易懂,对相关研究人员和从业者有借鉴意义。但由于笔者水平有限,本书尚有不妥和错漏之处,需要在今后的研究中不断改进和完善,还请广大同行和读者批评指正。

目 录

第一章　我国高职学生资助工作的历史变迁及研究现状 …………… 1

第一节　高职院校学生资助体系的历史变迁 ………………… 1

第二节　高职院校学生资助体系的发展现状 ………………… 4

第三节　资助育人之"资助政策"实施现状 ………………… 6

第四节　资助育人之"育人功能"实效总结 ………………… 30

第五节　高职院校学生资助体系取得的成就 ………………… 46

第二章　高职学生资助育人工作目标 ………………………… 51

第一节　资助育人工作目标设定原则 ………………………… 51

第二节　宏观目标——助力国家宏伟蓝图建设 …………… 53

第三节　中观目标——贯彻落实新时代资助政策 ………… 57

第四节　微观目标——助力学生成长成才 ………………… 63

第三章　高职资助育人的实效性探索与研究 …………………… 71

第一节　高职资助育人的思想引导 ………………………… 71

第二节　高职资助育人的环境创建 ………………………… 81

第三节　高职资助育人的政策体系完善 …………………… 91

第四章　高职发展型资助育人体系的优解——"双线模式"……… 100

第一节　"双线资助"模式的内涵和意义 ………………… 100

第二节　"双线资助"模式的理念和策略 ………………… 101

第三节　"双线资助"模式的构建和运行 ………………… 105

第五章　高职经济困难学生的心理扶助新路径——音乐治疗………… 111

第一节　高职经济困难学生的心理健康与需求……………… 111

第二节　音乐治疗的基本内容……………………………… 119

第三节　音乐治疗与经济困难学生的身心健康发展………… 137

参考文献…………………………………………………… 159

第一章　我国高职学生资助工作的历史变迁及研究现状

第一节　高职院校学生资助体系的历史变迁

国家资助作为帮助家庭经济困难学生顺利入学和完成学业的重要途径,在我国有着重要的历史过程。我国由中央政府主导的大学生资助体系始于 1950 年,从开始至今已有七十余年。对家庭经济困难学生进行资助的这七十余年,是我国社会经济建设不断发展完善的七十余年。经过研读我国家庭经济困难学生资助的有关文献了解到,我国家庭经济困难学生资助体系的发展历史主要分为五个发展阶段:第一,初建制度阶段,免学费加人民助学金;第二,逐步探索阶段,人民助学金和奖学金并存;第三,改革发展阶段,奖学金与学生贷款逐步取代人民助学金;第四,初步建成阶段,多元混合资助;第五,完善体系阶段,国家资助体系的完善。

一、初建制度阶段:免学费加人民助学金

在中华人民共和国成立初期,政府非常重视培养新型知识分子来推动经济发展,陆续制定了新的教育制度和教育政策,并通过扩大高等教育规模的方式来增加学生接受高等教育的机会。对于国立和省立的各类院校,通过供给制方式,对学生的学费实行"公费制"。1950 年,我国召开"全国第一次高等教育会议",颁发了《关于调整人民助学金的通知以及关于调整人民助学金标准的通知》。1952 年,颁布的《关于调整全国高等学校及中等学校学生人民助学金的通知》和《关于调整全国各级各类学校教职员工工资及学生人民助学金标准的通知》规定,在全国范围的高校实行

人民助学金制度,国家实行免学费加生活补助的政策。1955年、1957年和1964年,我国的人民助学金制度先后做过三次重大调整,通过调整,我国人民助学金制度在资助标准、资助对象、资助范围和资助方法等方面的各项指标更为清晰。1977年,我国高考制度恢复以后,所有大学生均享受人民助学金制度,由学校按月发放人民助学金补贴。人民助学金制度在我国一直持续到20世纪80年代初。

二、逐步探索阶段:人民助学金和奖学金并存

1983年7月,国家教委和财政部在原有资助政策的基础上进行修订,联合发布了《普通高等学校本、专科学生人民助学金暂行办法》和《普通高等学校本、专科学生人民奖学金试行办法》,降低了人民助学金比例,提出了增设人民奖学金办法,这标志着我国的大学助学制度从单一的人民助学金制度逐步过渡到人民助学金与人民奖学金并存制度。1986年,我国尝试取消人民助学金制度,实行奖学金和学生贷款制度改革试点。自那以后,我国大学把单一的人民助学金变为多元化助学体制。这种学生资助体系是非常契合当时的时代背景的,不仅对大批品学兼优的贫困学生起到了一定的激励作用,而且与我国培养高层次人才目标相一致,很好地促进了当时的经济发展和教育进步。

三、改革发展阶段:奖学金与学生贷款逐步取代人民助学金

1986年,国家教委试点实行奖学金和学生贷款制度,并取得了显著效果。1987年,国家又对资助政策进行了创新,财政部、教委发布了关于助学贷款和奖学金的办法,我国开始对全日制普通院校入校新生全面实施奖学金和校内无息贷款政策。1993年国家开始对高等院校设立特困补助,补助群体主要来自收入水平低于当地居民最低生活标准的家庭。1994年,国家教委规定高等院校需要设立勤工助学岗位,为在校大学生提供减轻家庭经济负担的机会,并设定了勤工助学基金。可以看出,

1987—1994年,我国高等教育在招生和收费两方面进行"双轨制"改革探索,"免费上大学"的学生资助政策逐步被改变,奖、助、贷体系逐步形成。

四、初步建成阶段:多元混合资助

1995年,我国开始对国家教委直属院校试行新的学生贷款办法,通过对各院校家庭经济困难学生实行减免学杂费政策来帮助贫困大学生,建立国家助学贷款新制度。1997年,我国本科院校开始全面推行收费制度。1999年,我国开始开办国家助学贷款。2002年,我国设立国家奖学金,对家庭经济困难且品学兼优的学生可以提供无偿资助。2004年,我国建立了以风险补偿机制为核心的国家助学贷款新制度。2005年,教育部向各地相关教育部门、各高校发出了《关于切实做好2005年高等学校新生入学"绿色通道"工作的紧急通知》,并设立了国家助学奖学金制度。1995—2006年,我国初步建立起"奖、贷、助、补、减"的多元化资助体系。

五、完善体系阶段:国家资助体系的完善

2007年,在理论结合实践的基础上,国务院下发了《国务院关于建立健全普通本科高校高等职业学校和中等职业学校家庭经济困难学生资助政策体系的意见》(国发〔2007〕13号)及其配套办法,大学生资助政策体系得到进一步完善。一是对原有国家奖学金制度进行改革,设立了国家奖学金和国家励志奖学金。国家奖学金主要奖励给品学兼优的本专科阶段学生,每生每年8000元,这可以说是本专科学生在资助方面的最高荣誉。国家励志奖学金主要奖励给家庭经济困难且品学兼优的大学生,每生每年5000元。二是进一步完善国家助学金制度,扩大资助范围。三是进一步完善、落实国家助学贷款政策和实施"绿色通道"制度。通过开展生源地助学贷款的方式,实施国家助学贷款代偿资助政策。四是规定各院校从事业收入中足额提取4%~6%的经费用于大学生资助。五是进一步落实和完善鼓励社会捐资助学的优惠政策等。六是在教育部所属六所师范大学实行免费师范生教育试点。七是实施学费代偿和贷款代偿政策。

2018 年,教育部等六部门发布《关于做好家庭经济困难学生认定工作的指导意见》(教财〔2018〕16 号),提出要不断健全学生资助制度,进一步提高学生资助精准度,进一步对家庭经济困难学生的认定工作提出指导。2019 年,在教育部等六部门关于印发《高职扩招专项工作实施方案》的通知中,提出为应对高职扩招,要加大财政投入,同时对高职院校奖助学金名额进行增加。经过多年努力和实践,国家目前在高等教育本专科阶段建立起国家奖学金、国家励志奖学金、国家助学金、国家助学贷款等多种形式有机结合的学生资助政策体系,不仅扩大了资助范围,也增强了资助力度。

第二节　高职院校学生资助体系的发展现状

一、我国学生资助工作发展现状

《中国学生资助发展报告(2018)》内容显示,2018 年,在财政部、教育部等中央有关部门和各级地方政府,以及各级各类学校的共同努力下,我国学生资助政策体系更加完善,资金投入力度不断加大,资助管理水平进一步提档升级,为保障不让一个学生因家庭经济困难而失学,奠定了坚实的基础。

(1)国家学生资助政策不断完善。主要体现在:精准认定机制完善有新进展;勤工助学育人导向进一步强化;学前教育家庭经济困难儿童保障力度明显加大;国家资助政策体系更加健全。

(2)资助工作提档升级。主要体现在:不断推进资助育人;全面加强规范管理;推动助学贷款工作标准化。

(3)学生资助工作更加暖心。各地各校以学生为本,想学生之所想,急学生之所急,不断提高学生资助工作水平。通过正面宣传,努力做到资助政策家喻户晓;发出负面预警,提醒广大学生在利益陷阱面前保持清醒、提高警惕;改进资助工作方式方法,"让信息多跑路、让学生少跑路";

在奖助学金评审公示环节,注重保护学生个人信息和隐私,使学生资助工作更加有温度。主要体现在:资助预警前移;宣传时间前移;热线电话开通时间前移;助学贷款办理窗口前移;"绿色通道"前移。

(4)资助资金持续增长。主要体现在:资助资金突破 2040 亿元;免费教科书投入资金 206.78 亿元;营养膳食补助投入资金 322.20 亿元。

(5)财政资金占主导地位。主要体现在:财政投入近 1300 亿元,增幅 6.56%;大学生国家助学贷款 325.54 亿元,增幅 14.55%;学校资助资金超过 290 亿元,增幅 13.32%;社会资助资金超过 130 亿元,增幅 4.37%。

二、我国家庭经济困难学生资助体系发展现状

(一)从资助的主体来看

我国的学生资助体系经过了多年发展。从资助主体来看,高职院校学生资助体系主要体现为国家层面的资助、社会层面的资助和各个院校层面的资助。

(1)国家层面的资助。国家层面的资助主要是国家奖学金;国家励志奖学金;国家助学金;助学贷款;学费、贷款代偿;部分师范生免费教育以及其他临时性补助。国家层面的资助主要是通过国家资助政策的方式对家庭经济困难学生给予资助,以保证家庭经济困难学生的基本生活、学习需求。

(2)社会层面的资助。社会层面的资助主要指社会企事业单位、校友企业和单位以及个人通过奉献爱心,向贫困学生捐资助学。社会资助是对国家资助政策体系以及学校资助制度的完善和补充,其不仅扩大了受资助学生的比例和受资助金额,而且推动了我国资助事业的发展。社会层面的学生资助主要包括社会奖学金、社会助学金、社会扶贫基金、学习用品及生活用品的资助。

(3)学校层面的资助。学校层面的资助主要是根据《国务院关于建立健全普通本科高校高等职业学校和中等职业学校家庭经济困难学生资助政策体系的意见》(国发〔2007〕13 号)文件精神,通过从事业收入中足额提取 4%～6% 的经费用于资助学生开支。学校层面的资助主要包括校内奖学金;校内助学金;学校提供的勤工助学岗位;特殊(临时)困难补助制度;

减免学杂费制度；"绿色通道"制度；冬季及夏季生活补助；以及具有各个学校特色的资助方式，比如学生寒暑假家访慰问、学生返乡路费资助等。

(二)从资助的方式来看

我国的学生资助体系经过多年发展，目前已经形成了以"奖、助、贷、勤、补、减、偿"为主体的学生资助体系。随着最近这几年对资助育人工作重视程度的不断增强，我国的学生资助工作逐渐形成了以经济资助为主体，其他多种资助方式并存的资助体系。经阅读众多文献，笔者整理了以下几类学生资助方式。

(1)经济资助：对家庭经济困难学生进行经济资助，是我国资助体系中最早也是最常用的一种方式，是主要通过对学生提供直接性的经济帮扶的资助方式。比如以国家奖学金、国家励志奖学金和国家助学金的方式，对学生进行直接的帮扶。

(2)其他资助方式：在对学生进行扶贫的同时，更加注重"扶志、扶智"。近年来我国高职院校对家庭经济困难学生的资助方式中，也逐渐融入了除经济资助以外的资助方式，比如就业帮扶、心理帮扶、学业帮扶等。通过构建以经济资助为主体，其他多种资助方式并存的资助体系，构建物质帮助、道德浸润、精神激励、能力拓展、就业提升有效融合的资助育人长效机制，实现无偿资助与有偿资助、显性资助与隐性资助的有机融合，实现物质资助与精神鼓励、一般补助与特别奖励、经济资助与能力提升双管齐下，形成"解困—育人—成才—回馈"的良性循环，着力培养受助学生自立自强、诚实守信、知恩感恩、勇于担当的良好品质。

第三节　资助育人之"资助政策"实施现状

一、国家奖学金政策

(一)奖学金政策研究

依照我国现在实行的奖学金制度，现设立的国家奖学金有以下几种：

(1)本、专科生奖学金分为三种：优秀学生奖学金、专业奖学金、定向奖学金。(2)研究生奖学金分为两种：研究生优秀奖学金、研究生普通奖学金。(3)国家奖学金。除以上国家出资设立的奖学金外，还有学校自行设立的各种奖学金，以及经有关部门批准，由社会各界设立的奖学金等（主要是资助经济困难的学生或者吸引人才）。

我国教育体制改革的标志之一就是设立高等学校奖学金制度，这是基于人民助学金的制度演变而来。在1986年，国家教委和财政部发文在部分普通高等院校开始实施"奖学金制度"试点。1987年7月，国家教委和财政部颁布《普通高等学校本、专科学生实行奖学金制度的办法》，规定在1987年入学的本科普通高等院校的新生中全面实行奖学金制度，专科学校是否实施，由各省、自治区、直辖市人民政府和中央学校主管部门决定。1991年开始在普通高等学校中试行研究生奖学金制度。1994年，原国家教委、财政部颁布了《普通高等学校研究生奖学金办法》；1996年又颁布了《国家教委、财政部关于提高普通高等学校研究生奖学金标准的通知》。国家奖学金制度是2002年9月开始在普通高等学校中实行的，主要对象是贫困大学生。

每个学校的奖学金金额与类别会针对该学校的实际情况进行明确制定。国家教委、国家财政部《普通高等学校本、专科学生实行奖学金制度的办法》和《普通高等学校本、专科学生实行贷款制度的办法》规定："学校可建立奖学金和学生贷款基金（简称"奖贷基金"），按原助学金标准计算的80%—85%转入奖、贷基金账户。"各学校会根据自己的情况制定奖学金标准。

1.奖学金设计千差万别

在我国高等教育体系中，奖学金是激励学生积极进取、全面发展的重要举措。由于各高校的办学理念、学科优势、资源状况和发展目标不尽相同，奖学金设计呈现出千差万别的特点。

根据财政部、教育部、人力资源社会保障部《关于调整高等教育阶段和高中阶段国家奖助学金政策的通知》（财教〔2024〕181号）规定，国家奖学金由中央政府统一出资,金额固定为每人每年 10000 元,但各高校在评选细则上仍存在差异。顶尖高校竞争激烈,对学业成绩的要求极高,平均绩点往往需达到 3.8 以上(满分 4.0),且在科研成果方面,可能要求学生发表高水平学术论文,或在国际级学科竞赛中获奖;而部分普通高校在满足基本条件的基础上,更注重学生在本校的综合影响力,如在校园文化建设、学生社团活动中发挥重要作用等。

国家励志奖学金同样由中央政府出资,金额为每人每年 6000 元,针对家庭经济困难且品学兼优的学生。然而,不同高校在贫困生认定标准和综合评定权重上有所不同。一些高校会详细调查学生家庭收入、资产状况以及当地经济水平来认定贫困程度;而另一些高校则会在学业成绩和家庭经济困难的基础上,加大对学生自强自立、克服困难事迹的考量,鼓励学生积极面对生活挑战。

校级奖学金是各高校自主设计的重点,差异最为显著。在奖学金种类上,综合性大学学科门类齐全,可能设置了针对不同学科的专业奖学金,如文学创作奖学金、科技创新奖学金等;而专业性院校则会围绕自身优势专业,设立特色奖学金,如师范院校的教育实践奖学金、医科院校的临床技能奖学金等。在评定标准上,有的高校采用学分绩点与综合素质测评相结合的方式,综合素质测评涵盖社会实践、志愿服务、文体活动等多个方面;有的高校则侧重于科研成果,鼓励学生参与教师科研项目,以科研成果的数量和质量作为重要评定依据。奖金金额也因学校财力和重视程度而异,从几百元到数千元不等。

社会捐赠奖学金由于捐赠方的背景和意愿各不相同,这类奖学金的评定标准和奖励方向更是五花八门。有的企业为了储备人才,会为特定专业的学生设立奖学金,除了要求学生专业成绩优异外,还会考查学生的职业素养和对企业文化的认同感;校友捐赠的奖学金,有的是为了纪念母校的某个重要事件或人物,会对符合相关条件的学生给予奖励,如毕业于某一特定年份、就读于某一特定学院等;社会爱心人士捐赠的奖学金,可能更关注学生的品德修养和社会责任感,鼓励学生积极参与公益活动。

奖学金的评定流程虽大致包括学生申请、班级民主评议、学院审核、学校审批等环节,但在具体实施过程中,各高校也会根据自身情况进行调整。例如,部分高校在班级民主评议环节,采用学生投票与教师评价相结合的方式,确保评价的全面性;有的高校则在学院审核阶段,邀请校外专家参与,提高评定的专业性和公正性。我国各高校的奖学金设计在类型、标准、金额和评定流程等多方面都存在显著差异,充分体现了高等教育的多样性和灵活性,以满足不同学生的发展需求,激励学生在各自的领域发光发热。

2.奖学金获得者的群体指向

目前,许多院校奖学金的标准是奖励优秀学生而不是扶助贫困大学生,得到奖学金的评判标准就是学生的成绩,所有学生只要成绩能够达到标准就有机会获得奖学金,这样就导致贫困大学生群体和奖学金群体是割裂的。所以,目前我国的奖学金政策并不是倾向于贫困大学生群体,而贫困大学生群体由于基础比较差,得到奖学金的机会比普通学生群体要小,这就使得这些贫困大学生群体在获取奖学金的层面处于劣势地位,特别是那些来自教育基础落后地区的同学。因此,将该政策作为扶助特困生的政策之一难免有所牵强,它最多只能算是普遍意义上的学生资助政策。

3.关注贫困大学生的奖学金设计

为了能够将优秀学生奖学金在扶助贫困大学生中发挥作用,在现存的奖学金制度上进行一些针对性的扶助改革是非常有必要的,一些学校的做法值得借鉴。

(1)扩大奖学金覆盖面

目前,很多院校的奖学金评判标准都是学生的成绩,但是也有些学校在此基础上进行拓展式的改革,这些改革使得奖学金的覆盖面扩大,在一定程度上加大了对贫困大学生的扶助力度。

(2)专门设立贫困大学生奖学金

有少数学校也设立了针对困难学生的贫困大学生奖学金。

4.结论

总之,如果要扩大现有奖学金对贫困大学生的覆盖面,可以进行新的制度设计,这主要有两个途径:扩大奖学金资助面,奖学金评定标准更为多元化,而不是仅仅依赖学习成绩;进一步设计贫困大学生奖学金,专门资助贫困大学生中的学习成绩优异者,这样的奖学金可以从原有的奖学金中划出一块,也可以利用社会资助的奖金。然而,我们需要考虑的是,后一种做法能否合乎大学生的心理发展需要,也许不把奖学金和贫困大学生挂钩,而设立其他能让贫困大学生从心理上接受的资助方式是解决问题更为有效的办法。

(二)国家奖学金

为了完善我国大学资助经济困难学生的政策体系,帮助经济困难的学生顺利完成学业,激励学生勤奋学习,努力进取,在德、智、体、美、劳等方面得到全面发展,2002 年,我国特设立国家奖学金制度,2002 年 4 月 16 日财政部、教育部颁布了《国家奖学金管理办法》(财教〔2002〕33 号),确定自 2002 年 9 月 1 日起正式实行。国家奖学金制度是对家庭经济困难、品学兼优的普通高等学校在校大学生提供的无偿资助,这是中国自 1987 年以来首次设立的国家奖学金。

1.政策体系

申请国家奖学金的基本条件是家庭经济困难、生活俭朴、道德品质优良。在校生要求学习成绩优秀,当年考入的新生则要求参加全国统一高考考试成绩优秀。接受资助的学生必须通过相关部门组织的评审,确实为品学兼优、家庭贫困者方可获得。国家奖学金将面向全国所有的普通高等学校,符合条件的大学本科生或研究生可获得奖学金。

同时,要求各省、自治区、直辖市及计划单位由本级财政安排专项资金,参照本办法设立本地区的政府奖学金,可称为"××省(市、区)政府奖学金"。具体资助人数及实施细则,由各省自定。

2.政策执行

国家奖学金的发放是以国家的名义,也是我国级别最高、奖励最丰厚的奖学金。所以国家奖学金受到了全国各大院校和大学生的普遍关注。

在执行过程中,各校都十分重视,并制定了相关的管理条例。

许多学校对国家奖学金的发放均采取严格的管理办法。有的学校规定了获得高额国家奖学金的条件,除了具备家庭经济困难、品学兼优等硬性条件,还不能抽烟、酗酒。

由于国家奖学金数额较大,对于获得国家奖学金的贫困学生,无疑有着极其明显的激励作用。

能够评上国家奖学金的同学只是少数,对刻苦学习的同学确实起到了极强的激励作用。

3.政策缺陷

国家奖学金实施的时间不长,该奖学金的政策设计还存在一些问题,有的非常明显,有的还在争议之中,政府要采取进一步的措施进行改革。

目前反映比较突出的问题有:

(1)国家奖学金名额太少、金额太高

名额太少、金额太高是大部分被访对象反映的问题。名额太少也使该奖学金的救助面小,大部分同学不抱希望。

(2)存在"名不副实"的问题

国家奖学金按名称来看,应该是大学中最高等的奖学金,应该是最优秀的人得到。但只能是困难大学生得,优秀学生就会有所不平衡,好像"越困难越光荣"的样子。

这个建议还是有一定道理的。因为名称而带来的误解在社会上广泛存在。

(3)结论

总之,我们认为,在国家奖学金名称及资助减免金额的设置上的确有进一步商榷的必要。为了使国家的资金真正达到扶困的目的,我们需要在实践中进一步完善国家奖学金政策。

二、国家助学贷款以及生源地信用助学贷款政策

(一)国家助学贷款及政策执行

1.国家助学贷款

国家助学贷款指的是经过国家指导,采用金融财政的方法对国家的

教育事业进行扶助,最终能够帮助我国的教育良好、持续发展的一个教育项目。详细来说,它指的是国家使用财政补贴利息的形式,利用国家的权威性对金融机构(主要是银行)提出要求,使得这些金融机构能够贷款给那些因为家庭困难原因而不能上学的贫困大学生。经过十多年的发展,我国国家助学贷款项目已经成为教育资助体系中最为重要的一部分。这对促进我国高等教育事业的发展起着重要的作用。

2. 政策执行

目前学界对"政策执行"的概念主要有两类。一类是以琼斯为代表的行动学派认为:"政策执行是将一项政策付诸实施的各项活动,在诸多活动中,又以解释、组织和实施三者最为重要。所谓解释是将政策的内容转化为民众所能接受和理解的指令;所谓组织是指建立政策执行机构,拟订执行的办法,从而实现政策目标;所谓实施是由执行机关提供例行的服务与设备,支付经费,从而完成议定的政策目标。"在行动学派看来,政策执行是实现政策目标的一系列活动或者过程,在这一过程中,政策对行为起着导向作用。另一类是以斯诺和特里林为代表的组织理论学派,他们则认为:"任何一项化观念为行动的行为都涉及某种简化工作,而组织机构正是从事这种简化工作的主体,是它们把问题解剖成具体可以管理的工作项目,再将这些项目分配给专业化的机构去执行。"在他们看来,政策执行是一种活动或者行为,它是动态的过程,并且非常强调组织在政策行动中的作用——通过执行发现问题,修正政策目标与政策行为。

综合上述两学派的研究,笔者认为政策执行是指政策执行者为了达到政策目标而建立专门的组织机构,充分调动各种资源,采取各种行动(包括政策解释、建立执行组织、政策实验、政策控制等一系列活动)将政策由观念形态转化为现实形态的一系列活动过程,它是达成政策目标的唯一渠道。政策执行作为政策活动的一部分,具有实现政策目标的中介作用,这种中介活动尽管是一种程序化活动,但是并非固定不变的;反之,它处于一种动态变化的过程中。也正是基于政策执行的存在,政策由观念形态转化为现实的结果才成为可能。

3.国家助学贷款政策执行

国家助学贷款政策作为一种教育政策,怎样对其进行执行是需要进行一个清晰界定的,对于该项政策,我们需要能够分清国家助学贷款的利益主体。国家助学贷款运行过程中主要有国家、银行、学校、贷款学生四类利益主体。在这四者中,国家是最为重要的主导者,它不仅是国家助学贷款政策的制定者,也是对政策进行不断完善的主体,更是助学贷款资金的提供者和补偿者。银行与学校同样作为该项政策的利益主体,其在国家助学贷款过程中也起着解释、组织与实施的作用,将国家的教育政策进一步由观念形态转化为现实形态,在国家助学贷款的过程中扮演着重要角色。而对于政策执行最下层的贷款学生,政策到此并非意味着政策的终结;相反,贷款学生对政策实施结果的反馈、对政策的修正起着重要作用。因此,我们将国家助学贷款政策执行定义为:为保证贫困大学生获得平等接受教育的机会,由国家主导,利用金融财政手段将银行、学校、个人等利益相关主体纳入统一的政策执行体系中来,将国家助学贷款政策由观念形态转化为现实形态,以满足贫困大学生接受高等教育需要的一系列活动的总括。国家助学贷款政策执行首先通过解释宣传将国家助学贷款政策内容告知政策受益者,然后建立各种相关的组织机构,拟订国家助学贷款政策实施办法,并按照拟订的办法实施国家助学贷款政策,最终实现将观念中的政策转化为现实可获得的政策结果。

(二)生源地信用助学贷款

2007 年 5 月,财政部、教育部和国家开发银行决定在部分地区开展生源地信用助学贷款试点工作。2009 年,全国学生资助工作会议提出,全国所有的省、自治区、直辖市都将全面开展生源地信用助学贷款,全面实现家庭经济困难学生贷款上学的目标,生源地贷款有很多好处,如扩大了受助人的范围,延长了还款周期,最长不超过 14 年;改变了利息的计收方式,学生在校期间的利息由国家财政给予补贴;增加学生和家长共同贷款、共同承担还款的责任。同时,生源地信用助学贷款在身份认定、信用约束等方面优势突出。学生在当地贷款,当地银行比较容易调查学生家庭经济困难的情况,学生在当地就可以取得贷款,从而顺利报到入学;贷款发生在生源所在地,还便于跟踪和管理学生还款。

1.生源地信用助学贷款概述

生源地信用助学贷款指的是国家开发银行向符合条件的新生贫困大学生和在校生,如家庭经济困难的贫困大学生,所发放的、在学生入学前户籍所在县、市、区办理的助学贷款。贷款资金的主要功能是支付贫困大学生的学费以及在校期间的住宿费。生源地信用助学贷款是国家助学贷款的重要组成部分。2008 年以来,生源地信用助学贷款工作,继续以国家开发银行为主承办,同时鼓励其他银行类金融机构开展此项业务。

具体承办银行由各地财政、教育、银监部门与国家开发银行等金融机构协商。

(1)贷款主体及还款责任

生源地信用助学贷款主体为家庭经济困难的新生和在校生。生源地信用助学贷款为信用贷款,学生和家长为共同贷款人,共同承担还款责任。

(2)学生申请生源地信用助学贷款的条件

具有中华人民共和国国籍;诚实守信;遵纪守法;已被根据国家有关规定批准设立、实施高等学历教育的全日制普通本科高校、高等职业学校和高等专科学校正式录取,取得真实、合法、有效的录取通知书的新生或各院校在读学生;学生本人入学前户籍、其父母户籍均在本县(市、区);家庭经济困难,所能获得的收入不足以支付在校期间完成学业所需的基本费用。

(3)贷款申请及还款期限

根据生源地信用助学贷款的规定,每个学生每年申请的贷款原则上最高不得超过 8000 元,该资金的作用是支付学生的学费以及住宿费。贷款期限原则上按全日制本专科学制加 10 年,最长不超过 14 年。学制超过 4 年或继续攻读研究生学位、第二学士学位的,相应缩短学生毕业后的还贷期限。学生在校及毕业后两年期间为宽限期,宽限期后由学生和家长按贷款合同约定,按年度分期偿还贷款本息。

(4)贷款利率

生源地信用助学贷款利率执行中国人民银行同期公布的同档次基准

利率,不上浮。生源地信用助学贷款利息按年计收,学生在校期间的利息由财政全额贴息,毕业后的利息由学生和家长(或其他法定监护人)共同负担。

(5)贴息和风险补偿金

利息。贷款学生在校期间的利息全部由财政补贴。贷款学生毕业后利息全部由学生及家长负担。

风险补偿金。建立生源地信用助学贷款风险补偿专项资金,风险补偿金比例按当年贷款发生额的15%确定。

贴息和风险补偿金管理。中央和地方负担的贴息及风险补偿金分别由全国学生资助管理中心和各省级学生资助管理中心负责归集。每年12月20日前,向开展生源地信用助学贷款的经办银行及时足额划拨,由经办银行实行专户管理,主要用于弥补贷款违约损失等有利于防范风险和加强管理的费用。

2. 生源地信用助学贷款特点

随着体制机制完善和受理电子化、规范化,学生在家门口就能便捷办理生源地助学贷款。每年秋季开学前,学生可向家庭所在县(市、区)的学生资助管理中心申请贷款(部分地区可直接到相关金融机构申请)。县级资助中心初审资格,金融机构终审并放贷。与国家助学贷款一样,学生在校期间的利息由财政全额贴息,毕业后由学生和家长自负。生源地信用助学贷款与原有的国家助学贷款相比有以下特点:

(1)在信用约束方面优势突出

为了能够使我国家庭困难的贫困大学生都能够接受高等教育、职业教育,中央决定从2007年的秋季开始,制定、完善一套家庭经济困难贫困大学生资助体系,加大扶助的力度,提高扶助的金额,力求从政策上解决我国家庭经济困难贫困大学生的高等教育问题。这是继全国全部免除农村义务教育阶段学杂费之后,促进教育公平的又一件大事。各级财政2007年下半年投入154亿元,2008年全年投入308亿元以上。目前,省、市所属普通本科高校、高等职业学校家庭经济困难学生获得国家助学贷款的人数,占在校生总人数的比例相对较低,经办银行对有的学校要求较高,有的学校申请办理贷款的手续比较繁杂。教育部有关负责人指出,在新的资助政策体系中,生源地信用助学贷款是一个重要的内容,它是近年来一些地方在推进国家助学贷款过程中探索出的比较符合金融属性、能够可持续发展的一个助学贷款方式,其在信用约束、贷后管理等方面优势突出,是国家助学贷款政策的重要组成部分。本着审慎稳妥、逐步推进的原则,财政部、教育部和国家开发银行决定首先在几个省市进行试点,待取得经验后,逐步在全国范围内推广。

(2)贷款方式更灵活,便于跟踪

在实行试点之前,已经有一些地区开始尝试进行生源地助学贷款,并且收到较好的反馈。根据这些反馈了解到,生源地助学贷款与国家助学贷款相比有这些特点:一是学生在当地贷款,当地银行比较容易调查学生家庭经济困难的情况,操作比较方便,成本较低;二是学生在当地就可以取得贷款,在入学前就可获得国家的资助,从而顺利到校报到入学;三是由于贷款发生在生源所在地,学生还款便于跟踪和管理,比原有国家助学贷款更加灵活。财政部、教育部和国家开发银行联合开展的生源地信用助学贷款试点,将有利于进一步提高助学贷款的覆盖面,满足更多家庭经济困难学生的贷款需求。因为困难学生在乡村有时很难找到合适的担保人,导致最终享受不到贷款,所以,新的办法由担保贷款变为信用贷款,取消担保人,以贷款人的信用来作担保。

(3)县级资助管理中心至关重要

为推动做好试点工作,2007年8月1日,财政部、教育部、国家开发银行在北京联合召开会议,进行了紧急动员和部署。8月13日,三部门联合下发《关于在部分地区开展生源地信用助学贷款试点的通知》,对国家生源地信用助学贷款政策进行规定,对试点工作提出了要求。教育部负责人指出,各地县级教育局必须按照要求尽快成立学生资助管理中心。在县级教育行政部门成立资助中心,是做好生源地信用助学贷款试点工作的需要,也是贯彻落实新资助政策体系整体工作的需要。在整体资助工作方面,县级资助中心不仅在生源地信用助学贷款工作中承担了学生家庭经济状况的认定、贷款需求的编制、贷款的申请和初审以及将来的催还贷款等工作,而且还承担了中等职业学校国家助学金的管理、高校和中职学生家庭经济状况等基础信息的收集、整理、汇总等工作。

三、勤工助学政策

(一)勤工助学政策的研究

勤工助学又被人们普遍称为"勤工俭学",指的是在校生在学校规定的部门、组织引导下利用课余时间或假期,在校内外通过自己的劳动获取报酬的社会实践活动。关于勤工助学政策,从1990年1月20日起开始实施的《普通高等学校学生管理规定》中第三章"课外活动"第三节就有很具体的说明,但当时用的都是"勤工俭学"的表达方式。其中第四十七条规定:"学校提倡和支持学生开展勤工俭学活动,依法保护学生以诚实和服务获得的收入。学生勤工俭学活动的主要内容是,与专业学习相结合的科学技术和文化服务;有利于培养劳动观念和自立精神的劳动服务。依照学校和工商行政管理规定,学生可以参加学校组织的各种勤工俭学活动。"第四十八条规定:"学生应树立劳动观念,虚心向工、农、兵学习。学校提倡学生积极参加公益劳动、生产劳动和假期社会实践活动。"第四十九条规定:"除商业和旅游类校(院)系科(专业)可举办实习商店外,学生个人不得从事经商活动。"

目前学校多数用"勤工助学"作为表达方式的原因是什么呢? 笔者认为这其实反映出观念的改变。在过去,这种行为是一种管理行为,是需要学生进行实践,政府去管理,学校需要去规范学生,但是并没有对特困生有特殊的照顾;现在的勤工助学更多地体现出政府的责任,是政府来帮助贫困大学生,虽然也可以理解为自助,但是政府、学校更应该尽到责任,勤工俭学与勤工助学虽一字之差,但蕴含着一种深刻的变化。

现在,我国的大学生勤工助学政策体系框架已经具有初步的规模,学校为在校生提供勤工助学的活动是我国高等职业院校改革收费制度举措中的一个重要项目。这项活动的目的在于不仅能够促进学生德、智、体、美、劳全面发展,而且可以使学生通过参加劳动取得相应报酬,这是使广大学生,特别是家庭经济困难学生,安心完成在校学业的一种资助办法。

　　国家要通过勤工助学的形式使用资金去帮助贫困大学生上学,那么这些资金的来源是什么?我国对各大院校有明确规定,要求其设立"勤工助学基金"用来专门支付在校内勤工助学的大学生报酬。"勤工助学基金"设立的目的是保证各院校勤工助学活动的资金能够有稳定的来源,使这项工作逐步走向经常化、规范化,使家庭经济困难的学生,尤其是特困生得到有效资助,以完成学业。按照国家教委《关于普通高等学校设立勤工助学基金的通知》(教财〔1994〕35号)规定,勤工助学基金主要有四个来源:(1)在教育事业费中,根据国家任务学生数,按照每生每月3—5元标准提取的经费;(2)从学费收入中划出10%的经费;(3)从学校预算外收入中划出一定比例的经费;(4)基金增值。

　　经费如何管理?国家规定:(1)勤工助学基金应专项管理,集中使用,不得挤占和挪用,不得平均发放,并要指定专门机构和专人负责此项经费的管理与使用;(2)各高等学校要把勤工助学活动作为一项长期任务,把此项工作与学校综合改革结合起来,制定和完善勤工助学基金的筹措、使用与管理制度,报主管部门批准后执行。

　　勤工助学岗位如何设置?教育部同时规定,高等学校的勤工助学岗位可以是校内的助教、助研、助管、实验室、校办产业的生产活动和后勤服务及各项公益劳动的岗位,不得组织学生参加高空作业、严重污染、辐射等极易对人体造成伤害和危险的特殊行业和专业的劳动。各高等学校必须结合当前人事制度和校内管理体制改革的需要,积极推进研究生兼任"助教、助研、助管"工作,力争使50%以上的在校研究生能够拥有"三助"岗位;积极引导经济困难学生参加勤工助学,努力开辟、增加新的勤工助学岗位。

　　如何给予学生报酬?教育部规定,学生参加勤工助学劳动报酬的标准要合理适当。高等学校可参照当地同类工种或岗位的酬劳标准,并结合学生的实际生活标准予以确定,原则上不低于当地同类人员的酬劳标准,也可适当提高,以充分体现资助经济困难学生的原则等。

　　勤工助学的政策如何执行?从政府部门来讲,由教育部门具体负责组织实施。根据教育部、财政部的相关精神,部分省、自治区、直辖市主管部门也出台了相应的管理办法。而勤工助学的具体执行机构是各学校勤工助学中心及类似部门。教育部规定,勤工助学活动作为一项主要的日常工作和深化高校改革的一项重要内容,学校要予以高度重视,并采取切实措施,积极加以组织领导,要充分发挥学校有关部门、党团组织、学生会等方面的作用,共同配合,积极推动,不断总结完善提高。高校还需要指派工作人员负责勤工助学部门的工作,要能够切实地实施勤工助学的政策,根据各院校自身情况完善相关的制度加强管理。对于规模较大的学校,也可设立专门的机构和专人负责勤工助学的组织和管理工作。各高等学校应建立以学生工作部门牵头,由学校教务处、财务处、保卫处以及学生组织共同组成的学生勤工助学活动管理和服务的专门机构,并落实专职和兼职人员实施管理和提供服务。1995年前后,全国的大学纷纷成立勤工助学管理机构。各学校也制定了相应的管理办法,这些具体的办法与前面的国家和各地方的政策文件一起,构成了中国勤工助学的政策体系。

学校勤工助学中心的职责是:(1)在校内相关部门的配合下,设置校内勤工助学岗位,制定报酬标准,推荐和指导学生参加校内勤工助学活动,并负责报酬的发放和管理工作。(2)接受并审批学生参加校外勤工助学活动的申请,管理本校学生校外勤工助学活动,为学生和用人单位提供中介服务,维护学校、学生和用人单位在勤工助学活动中的合法权益。(3)切实做好学生的思想政治教育工作,指导学生在勤工助学活动中,正确参与,劳逸结合,促进德、智、体、美、劳等方面健康发展。(4)对因参加勤工助学活动而影响专业学习或违反校纪校规以及协议的学生,有权调整或终止其参加勤工助学活动,问题严重者,可建议学校暂停或取消该生参加勤工助学活动的资格。(5)实施其他有关勤工助学活动的管理和服务项目。

学校在以下方面对勤工助学活动要加强服务、引导和管理:(1)学生个人自行到社会兼职工作或从事勤工助学,一般应限于假期。(2)学校应要求学生遵守国家法律、法规和学校的规章制度,不能影响学校教学、科研、生产、生活的正常秩序和校园校容、宿舍管理,要自尊自重,诚实劳动。

(3)学校要帮助大学生学会提高法治观念,维护个人合法权益。(4)学校组织开展勤工助学活动时,要首先安排家庭经济特别困难的学生,然后再考虑其他学生,以体现国家和学校对部分学生的关心和照顾。(5)学校应要求用人单位和个人及时发放学生的劳动报酬,任何单位和个人不得克扣和拖欠学生的劳动报酬。(6)学校可对在勤工助学活动中表现突出或有贡献的学生给予表彰和奖励,对勤工助学工作成绩显著的单位和工作人员给予表彰和奖励,以推动这项工作的开展。

(二)勤工助学政策的意义

勤工以明志,助学以致远。各院校加大勤工助学体系建设力度,充分发挥勤工助学的解困助学、励志育人的双重功能,不仅是顺应教育改革发展形势的需要,也是服务于大学生成长成才的需要。

1.促进教育公平的有效措施

教育公平是社会公平的重要基础,促进教育公平是我国最基本的教育政策。勤工助学体系是国家在高等职业院校建立"绿色通道"和"奖、贷、助、补、减"等多位一体的家庭经济困难学生资助体系的组成部分,是保障家庭经济困难学生享有平等接受高等教育机会和权利的有力举措,是促进教育公平的重要体现。

另外,伴随着知识和技能的价值越来越充分显现、社会主义民主法制不断完善、公民维权意识不断增强、群众文化生活日益丰富,社会对教育公平、教育质量更是关注,所以我们采取有效措施,加强勤工助学体系建设,着力建设好事关贫困大学生切身利益的民生工程,缓解他们的经济压力,回应社会关切,促进教育公平。

2.强化思想政治教育的重要载体

加强和改进大学生思想政治教育事关广大青年学生的健康成长,事关国家和民族的前途与命运。社会实践活动是强化学生思想政治教育的重要举措,而勤工助学是社会实践的重要内容之一。各院校将思想政治教育融入勤工助学活动,既能增强思想政治教育的渗透力,又能提升勤工助学的工作水平,发挥勤工助学应有的作用。

目前,中国的总体国力、经济水平以及国际影响力正在不断提高,不过在这一过程中也出现了一些深层次的社会矛盾。我国的高等院校在社会制度不断变革的今天、在社会利益不断深化的当前、在教育观念与思想观念越发复杂的当下,以及在教育发展与任务沉重繁杂的背景下,面临着前所未有的全新问题和挑战。通过开展勤工助学活动,组织大学生走向社会参加生产劳动,实现理论教育与社会实践的有机结合,能帮助他们更加真切地了解世情、国情、社情、民情,增强社会责任感和使命感,加深对党的路线、方针、政策的理解,激发他们的爱国热情、危机感和责任心;能帮助他们更加自觉地培养劳动观念、自立自强意识和良好职业道德,锤炼健全的意志品质,促进思想道德素质、科学文化素质和身心健康素质协调发展。

3.缓解家庭经济困难学生的经济压力

当前国家制定"奖、贷、助、补、减"等一系列帮助大学生就学的优惠政策和激励机制,资助力度大,效果明显。但从实际操作的过程中可以看出,勤工助学是缓解学生经济压力的最好办法,贫困大学生通过参与勤工助学活动,通过劳动获取报酬,既能减轻父母的经济压力又能帮助自己顺利完成学业。

目前,引发大学生家庭经济困难的因素有很多,归纳起来主要有:受历史和自然因素影响,地处经济欠发达地区或农村地区家庭的经济来源十分有限;家庭遭受变故,如天灾人祸、父母离异、下岗或丧失劳动能力等,造成经济极其困难,正常经济收入来源没有保障;父母文化水平低下,没有或缺少维持生计的能力等。从一定程度上看,越是来自这类家庭的学生,越是承载着家庭的希望。国家构建勤工助学体系,推动勤工助学工作,一方面能为大学生用实际行动回报父母养育之恩搭建平台、创造条件;另一方面能增强父母对学生自食其力、学习成才的信心,最终形成经济困难家庭摆脱困境的合力,共同努力改变家庭经济状况,渡过生活上的暂时困难。

4.培养学生实践能力

育人是学校的首要任务。勤工助学不仅能让家庭经济贫困的学生通过自身劳动缓解生活困难问题和精神困乏问题,提高贫困大学生自身解困能力和逆境成才能力,逐步实现贫困大学生由外部"输血"到自身"造血"的转变,还可以培养学生的自强自立意识,提高综合素质。具体地说:

一是有利于提高学生的社会适应能力。勤工助学是大学生深入社会、了解社会、认识社会的重要渠道,也是受教育、长才干、做贡献的重要载体。教育引导学生参与勤工助学活动,能促使学生根据所处的环境及时调整社会角色并承担相应的责任和义务,增强自身的社会适应能力、就业能力、竞争能力,提高社会责任感。

二是有利于提高学生的实践探索能力。勤工助学是大学生自我教育、自我管理的重要形式。大学生参与勤工助学的过程,不仅是把所学知识应用于具体实践的过程,而且是利用所学知识解决实际问题的过程。在这些过程中,既能促使他们增进对所学知识的理解、提高专业学习和知识应用的能力,又能促使他们在学与做当中不断思与行,充分发挥自身的潜能,找到解决实际问题的方法,提高实践动手能力。

三是有利于提高学生的心理承受能力。勤工助学是使大学生心理渐趋成熟的必要手段。大学生通过参加勤工助学活动,能树立起积极向上的人生信念、奋发的学习精神和正确的世界观、人生观、价值观,在学习、生活中调整好自己的心态、摆正自己的位置,主动建立起良好的人际关系,对社会、生活和他人产生积极的评价和态度,促使其形成健康的身心。

四是有利于提高学生的自我规划能力。勤工助学是实践过程与认识过程的统一。大学生参加勤工助学活动,在对社情、国情、民情深入了解的基础上,结合专业特点、知识结构、个性特征、兴趣爱好等,能对自身的发展方向、人生规划进行适当设计、调整、完善,使个人发展能适应社会发展的需要,增强学生主动、合理规划个人职业生涯的意识和能力。

四、特殊困难补助及减免学费政策

特殊困难补助和减免学费政策都是资助政策的辅助性措施。和其他政策不同的是,这两个政策共同的特点都是无偿性资助。

(一)政策概述

特殊困难补助是各级政府和院校对经济困难学生遇到一些特殊性、

突发性困难给予的临时性、一次性的无偿补助。

教育部办公厅《关于切实做好 2022 年秋季学期高校学生资助工作的通知》(教财〔2022〕9 号)提出"要根据实际对存在特殊困难的学生发放困难补助和必要生活用品,确保他们入学后能够安心就学"。

当前许多高等学校都会出现一些生活特别困难的学生(以下简称"特困生"),他们大部分来自农村和边远贫困地区,家庭经济困难,有些学生在校的月收入(包括奖学金、开展勤工助学取得的收入和各种补贴)低于学校所在地区居民的平均最低生活水准线。对此,必须采取补助办法,以保证这些学生顺利完成学业,这是深化教育体制改革、保证学校稳定的重要措施。

特困补助主要有两种发放方法:一种是统一发放,例如,特困补助原则上每学年发放一次,由学校根据情况向各系下达发放总额指标,各系按程序与条件确定发放名单和金额;另一种是个别发放,如遇特殊情况,学生个人可个别提出申请,按程序审核批准后,个别发放。对于那些在校月收入(包括奖学金和各种补贴)低于学生所在地区居民的平均最低生活水准线的本专科学生、第二学士学位学生、硕士研究生及博士研究生,可以申请特别困难补助。对"特困生"困难补助的标准可参照学校所在地所需的最基本学习、生活费用标准,由学校研究确定。

特困补助发放程序一般是先由学生本人提出书面申请,并附家庭经济状况证明材料,然后通过班级民主评议,辅导员审查,所在系审核并公示(含名单和金额),最后由学校学生工作部门审批发放。

具体的发放办法各个学校有不同的做法。由于这笔资金并没有定量上的规定,各个学校根据情况自己决定发放面和发放金额,因此,不同的学校无论从投入总量和程序上都有很大的差异。

随着中国普通高等学校招生、收费和毕业生就业制度改革的深入,普通高等学校中部分学生确因经济条件所限,交纳全部学费有困难。为帮助这部分学生(以下简称"困难学生")不因此影响学业。国家对部分确因经济条件所限,交纳学费有困难的学生,特别是其中的孤残学生、少数民族学生及烈士子女、优抚家庭子女等实行减免学费政策。其中在校月收入(包括各种奖学金和各种补贴)已低于学校所在地区居民的平均最低生活水准线,学习和生活经济条件特别困难的学生免收全部学费;对其他一般困难的学生可适当减收部分学费。具体减免办法由省级教育、物价、财政部门制定。为了认真执行劳动和社会保障部等六部门下发的《关于加强国有企业下岗职工管理和再就业服务中心建设有关问题的通知》(劳社部发〔1998〕8号)精神,对生活特别困难的下岗职工子女就学,经企业、街道出具证明,学校应酌情减免学费。

减免额度由各高等学校根据本地区省级教育行政部门的有关规定及本校的实施办法,结合学生本人表现及经济状况,在认真调查的基础上,逐一审核,研究决定,并可根据实际情况及时进行调整。一旦发现有虚假的情况,该学生不仅需要补交全部的减免费用,还会受到学校相应的纪律处分。各高等学校要在招生前向社会公布其包括减免学费在内的各类资助经济困难学生的有关规定,采取有效措施,向社会进行宣传,解除经济困难学生及其家长的顾虑,保证合格新生按规定入校学习。各校党、政、群组织要共同配合,做好困难学生的思想工作,鼓励他们努力学习,艰苦朴素,积极进取。减免学费是资助经济困难学生接受高等教育的一项重要措施,各高等学校应根据国家及本地区省级教育行政部门的有关规定,根据本校实际,制定本校的实施办法,与其他有关政策的统筹安排。

(二)模糊的资助对象

在执行特困生困难补助和减免学费政策时,资助对象难以界定是一个非常明显的问题。

我们可以在理论上对特困生的标准进行清晰解释,除了最低生活保障方面的标准,我们还能够通过该学生的固定生活资金情况进行评估,例如,学生的家庭遭受不可抗拒的灾难,或者因为一些原因家庭成员遇到不幸,又或者是家庭成员有严重疾病造成了家庭经济困难;来自老少边穷地区家庭特别困难者等。同时考虑是否勤奋学习,德、智、体、美、劳全面发展的情况(如政治思想上积极要求上进;学习目的明确,态度端正,成绩优良,原则上无重修补考现象;生活节俭,遵章守纪,未受纪律处分等)。但在实践中要确定起来却有很大的困难。这一点在前面对贫困大学生的标准中已探讨过。

对于困难补助的发放来说,个别申请的学生一般困难情况比较突出,还比较容易操作,但是类似于统一发放的特困补助操作起来却有很大的难处。

(三)政策的副作用

特困补助和减免学费的最大特点是无偿补助,它在学生非常困难的时候确实能发挥雪中送炭的作用,但是同学们对这种补助方式所带来的依赖观念颇有微词。"由于这是一种无偿的补助,所以会造成一定的依赖性。"[1]这需要引起政策设计者的注意。

有的贫困大学生不愿意去申请困难补助就是出于这个原因,他们的心理接受不了。

(四)新的程序设计

针对这两项政策产生的副作用,许多学校在发放过程中进行了相应的改革。

1.勤工助学补助

在发放困难补助和减免学费的过程中,要求学生进行一定的象征性勤工助学活动。

"困难补助是根据勤工助学来给的,也就是说你参加了勤工助学,给了多少报酬,那么困难补助的金额就等于这些报酬的金额。不过困难补助是给贫困大学生的,也就是说参加了勤工助学还必须是贫困大学生的同学才能够得。所以贫困大学生参加勤工助学的报酬相当于80元/小时(双份)。"

"我们学校学工部在发放困难补助时都要求学生进行一定的义务劳动,当然只是象征性的,这样学生就不会觉得这笔钱是白得的。"[2]

在减免学费上,有的学校规定凡是不愿意参加勤工助学工作的学生,

---

① 吴庆.公平述求与贫困治理:中国城市贫困大学生群体现状与社会救助政策[M].北京:社会科学文献出版社,2005:144.

② 吴庆.公平述求与贫困治理:中国城市贫困大学生群体现状与社会救助政策[M].北京:社会科学文献出版社,2005:145.

一律不能减免学费。

2.公众评议

通过建立班级同学的监督机制,使困难补助和减免学费发放得更加准确,如许多学校采用了公示等方法,加大了监督力度。

减免学费可以通过自己报名,网上公示。①

3.追回政策

如果在困难补助发放完后发现一些不实情况或者出现了一些新的影响不好的情况,学校可以将困难补助追回。

例如,有的学校明确规定:学生获得特困补助后,有下列情况之一者,应立即追回特困补助金,并进行批评教育,严重者给予纪律处分:

①用所得款项请客吃喝,或发现以虚报家庭经济情况或其他弄虚作假手段取得特殊困难补助者。

②酗酒、抽烟者。

③触犯国家法律、法规或严重违反校纪校规受到纪律处分者。

4.建立信息救助系统

这是指建立综合的信息系统,将学生受到的救助较完整地记录,这样可以提高困难补助和减免学费的针对性和有效性。

五、社会资助以及其他资助政策

(一)社会资助政策

社会资助和政府资助的渠道不同,它主要是指来源于社会力量(包括非营利性组织、社会团体和社会个人等)对贫困大学生的资助。由于这些资助不是政府行为,呈现出和前面所研究的政府资助政策不同的特点。值得注意的是,这一部分的研究和前面有些部分的研究有少许地方重合(比如在对奖学金和助学金执行效果的考察中,实质上有一些是来源于社会资助的),但在这里我们将从整体上来研究贫困大学生的社会资助政

---

① 吴庆.公平述求与贫困治理:中国城市贫困大学生群体现状与社会救助政策[M].北京:社会科学文献出版社,2005:146.

策。我们所关注的是:在现实中对贫困大学生社会资助的状况怎样? 对贫困大学生资助的效果如何? 在实际运转过程中有什么问题? 社会资助的动力来源于哪里? 社会资助的运转系统是否高效? 政府对社会资助的管理是否到位? 社会资助的未来发展趋势是什么? 这些是我们要探讨的重点问题。

另一个需要说明的是,社会资助是用在设立奖学金上,而不是专项针对贫困大学生,其对贫困大学生产生的效果和我们前面研究的奖学金效果基本一致,它对学生进行了普遍的资助,而和贫困大学生之间并没有直接的关系,故而缺乏对贫困大学生的针对性。因此,这里我们所关注的主要是针对贫困大学生的社会资助。

在研究中我们更关注那些集中的、连续的、带有一定时间长度的社会资助政策,而不是分散的、小型的、一次性的资助性行为,这些政策实质上是社会资源对贫困大学生资助的一种准则。

1. 社会资助的多元和分散

社会对贫困大学生的资助呈现出多元性和分散性的特点。

(1)概述

多元性,是指社会资助渠道来源多样,设置方式不同,其监管也呈现出不同的特点。不同的学校得到的资助不尽相同,资助来源一般和学校的性质紧密相关。

分散性,是指从总体上来讲,对贫困大学生的资助呈现出时间、地域上的分散性,资助连续性不强,有的资助有时有,有时没有;在地域上呈现出各地各有特色,较大地域整合的资助较少的特点。这种分散还指不同的社会资助有不同的资助类别区分标准,有的是按照生源地,有的是按照专业,有的是按照性别,有的是按照身体是否残疾等。正是因为这种多元性和分散性,我们无法统计目前对大学贫困大学生社会资助的一个总额数字。

(2)社会资助的类型

社会资助有多种划分的方法,从来源看,目前对贫困大学生的社会资助有以下类型:

第一，来自个人的捐助。这主要是指教育家、企业家、行政官员、宗教界和其他社会知名人士等出于对贫困大学生的关注而给予的捐助。

个人捐助的动机根据捐助者生活经历的不同而有所不同，但他们似乎都有着"贫困大学生情结"或"母校情结"。

有的捐助人向有关部门、组织明确提出一些政治条件（如能否成为青联委员等），当然这只是捐助者中的少数，大部分的捐助者还是把从事社会公益活动作为体现自己人生价值的一种方式。

第二，来自企业的资助。这主要是指各类企业给予贫困大学生的资助。

企业的资助有一定的商业广告目的，但更多的还是尽社会责任，通过自己公司的责任意识来扩大社会影响并获取顾客的信赖。

第三，来自政府及事业单位的捐助。这主要是指政府相关部门和传统的事业单位给贫困大学生的无偿支持。他们往往出于关注贫困大学生的公共责任或者出于维护青年学生的切身利益而进行无偿捐助。

(二)其他资助政策

以下所列是国家教育主管部门和社会公益部门对贫困大学生资助的主体政策，它们在救助贫困大学生的过程中发挥着主干作用，成为国家公共政策及救助体系的有益补充。

1."绿色通道"政策

"绿色通道"就是要让经济困难、无法交足学费的新生在不交学费的情况下顺利办理全部入学手续。这是教育部为了实现"保证每一个学生不因经济困难而辍学的工作目标"的重要举措。而在此之前，一些高校已经实施了这项政策。

(1)"绿色通道"的作用

"绿色通道"确实发挥了很大作用。据教育部统计，2002 年，我国高等院校通过"绿色通道"办理入学手续的学生有 23 万人，占在校生总数的 2.42%，占经济困难学生的 12.64%。

有些同学在填报志愿时考虑过读大学花钱的问题，但听说了"绿色通道"，便有了进入大学的信心。

（2）学费的拖欠

对于国家"绿色通道"政策，由于教育部一再强调并建立了相关的责任追究机制，故各学校都能够坚决执行，作为受益的学生自然是举双手赞成，然而在"绿色通道"的背后，校方却有或多或少的隐忧。由于学生的学费无法交上（不仅仅在新生，包括老生也经常出现这种情况），学校正常的运转经费受到影响。

（3）学校的变通

为了改变这种情况，一些学校也出台了一些本土政策来解决这个问题，其中包括加强对学生的诚信教育，让学生知道交费是大学生的义务和职责。

2.心理救助

贫困大学生的心理问题需要给予特别关注，贫困大学生的心理救助面临两个问题：

一个是存在于大学生中的普遍问题——怯于心理咨询。许多大学都建立了心理咨询中心，但它的发展还需要文化环境支持，现实中许多同学把到心理咨询中心求助当作"看病"，因此，自然在心理上的接受度大为下降。当然，其中也有心理咨询中心的工作方式及水平问题。

另一个是贫困大学生特殊的心理救助途径问题。要解决贫困大学生的心理问题，需要创造一种氛围，这种氛围需要很自然，能让贫困大学生得到尊重，心理问题得以解决，同时也能提高学生的心理承受能力。而在现实中这种氛围还是比较缺乏的。

从现实角度来说，可以采取的比较好的办法是强调学校的主动性，不能在心理咨询中心坐等学生来找，而要主动地去发现学生的问题，解决学生的问题。心理咨询和传统的思想政治工作如能够有机地结合，效果也许会更好一些。

3.贫困大学生自助社团

目前有一些学校建立了一些贫困大学生互相支持的社团，大力倡导"自己救自己"的观念，如中国扶贫基金会"新长城"项目资助的特困大学生共同组织成立的"自强社"；如有的学校成立的"扬帆社"，由学校的心理学专家担任指导教师,举办心理学讲座,开发勤工助学岗位,进行募捐活动,走出学校进行社会调查和实践,不仅给贫困大学生带来经济上的回报,更培养了他们自立、自强、开拓进取的精神。

第四节　资助育人之"育人功能"实效总结

从系统论的角度讲,要素是构成特定系统与活动必不可少的因素或元素。资助体系育人功能的发挥取决于育人要素对育人系统和育人活动产生的积极作用。也就是说,系统运行的有效性依赖于系统中各要素能否在系统运作过程中发挥正向作用,以及要素间相互作用能否形成正向的合力。对资助系统"育人功能"的现状考察,需要对育人系统的基本要素进行考察。高职资助育人系统的要素,即构成资助育人活动的基本元素,应包括教育者、受教育者和教育主体。资助育人在本质上是人与人之间的实践活动,是一种主体间的实践活动。教育者与受教育者在一定程度上都是育人活动的主体,都需要发挥主观能动性且相互作用,很难将其简单地划分为哲学范畴的主体和客体。因此,我们在下面的讨论中,将根据其在育人活动中扮演的角色,从实践的范畴将其表述为资助育人者、资助育人对象和资助育人主体,并从这三个方面考察资助育人工作"育人功能"的发挥现状。

一、资助育人者的作用发挥

资助育人者,即在资助育人活动中组织、发动和实施育人实践活动的人。不管是从学生资助经费来源还是从学生资助责任来看,政府、高校、银行和社会力量都是学生资助育人的主体。学校是资助育人者的主导力量,校外力量则是资助育人者的重要组成部分,是学校资助工作的重要协同力量。资助育人的育人功能既要彰显校内资助育人者的主导作用,也要善于调动和发挥校外资助育人者的参与作用,这些育人主体各司其职、互相补充、协调统一、形成合力,共同构成立体化的资助育人体系。但仍有一些问题值得深入思考:这些主体各自承担着怎样的育人责任;以怎样的形式参与资助育人;在资助育人中发挥了怎样的作用,成效如何?厘清这些问题,对于我们更好地认识资助育人的实践现状具有重要意义。

(一)高职学校

高职学校要充分发挥资助育人的作用,需要做好以下几点。

一是做好学生的日常资助管理工作。日常资助工作是学校资助育人的基础工作,也是通过资助发挥育人功能的前提条件。首先,资助经费获取渠道的多元化。从我国各院校学生资助体系的层面出发,资金来源主要包括政府提供的财政支持、学校事业经费提取、银行提供的贷款和社会力量的捐赠。学校不仅应按照国家规定的比例提取专项经费用于资助育人工作,还需要开发社会捐赠、校友捐赠等多种途径,丰富资助资金的来源与经费数量,并加强资助经费管理,提升资助资金的使用效率。其次,构建本校特有的学生资助体系。在国家政策框架下,各院校还需要根据自身情况设置本校的资助体系,并需要随着上级文件的修订和实际工作情况,不断地修订和完善。最后,做好资助政策体系的落实工作。按照国家要求,目前很多学校普遍已建立了包括"奖、贷、助、补、勤、减、免"七位一体的资助政策体系,这些政策体系的落实和实施是高职资助工作的重要组成部分,其中包括各类奖学金评选、资助项目的评定、家庭经济困难学生认定和各类资金的发放等工作,这些工作对科学性、精细化和公平性有着很高的要求。近年来,各地区、各院校也在资助工作的科学、精准和公平方面做出了很多探索和努力,如运用大数据技术手段根据学生消费情况精准识别和认定家庭经济困难学生;在奖学金评定方面强调破"五唯",注重对学生综合素质的考察;通过家访、民主评议、强化监督反馈机制等多种手段识别家庭经济困难学生等。

二是建立学生资助育人工作机构和工作队伍。在目前的资助育人实践中,高职资助育人的工作队伍主要包括三个部分。第一部分是高校学生资助管理中心。在相当长一段时间内,我国高校并未专门设置用于开展和实施资助工作的机构,而这一工作的开展基本上都是由学生工作部门负责。2006 年出台的《教育部关于进一步加强高等学校学生资助工作机构建设的通知》中,要求各高校必须设置专门的学生资助管理中心,同时要指派专人对资助工作全权负责。作为在高校内部开展资助工作的主要执行机构,学生资助管理中心内部工作人员必然是高职资助育人任务的直接承担者,主要负责各类奖助工作,制定学校资助育人政策文件,建立多元化的助学服务体系,推动学生资助工作的转型,由先前的保障型向促进型转变,从整体上使资助育人的专业水平进一步展现出来。第二部分是辅导员,要充分发挥其在思想政治层面的积极影响。作为参与一线教育的骨干力量和中坚力量,辅导员必须将资助育人真正落实到位,对辅导员在奖学金和助学金的评选、发放、使用等方面进行监督,可以使其在资助学生学习与发展方面真正取得实效。第三部分是校内其他教职工。高校全员育人的要求和高职资助育人的属性使高校管理人员、专任教师等也参与到资助育人中。就目前的情况来看,高职资助工作存在一定的事务性特征,导致当前普遍存在"高职资助育人仅仅是资助工作部门或辅导员的事"的观点,因此,这部分育人主体的育人作用发挥还比较有限。比如,在勤工助学工作过程中,各用人单位仅以单纯的"用人"关系代替了"育人"关系,依托勤工助学岗位对学生的责任意识、敬业精神、人际沟通能力等进行教育引导方面十分缺乏。教师在给学生布置任务时,仅让其完成一些体力劳动或者是重复性劳动,缺乏整体育人规划。而在学生完成岗位工作并给予其一定报酬时,只关注学生是否完成了交付的任务,而不关注学生在完成任务过程中是否有成长和发展。在对学生进行评价时,采用简单的等级评价或是笼统的总体评价,对于学生的表现缺少细致的关注和复盘,缺少了应有的教育和引导。又如,专任教师和导师,虽然对于具体的资助事务并不直接参与,但是可以在日常教学活动中向学生进行思想上的灌输,使学生感受到国家对学生的帮助,以及国家在教育方面的公平公正。同时,专任教师还可从社会主义制度优越性的层面,让学生充分认识到国家资助政策的重要意义,也是帮助贫困学生顺利完成学业的一种鼓励和期望。

三是持续探索和推进资助育人工作。学生资助工作具有鲜明的时代特征,新时代高校学生资助的价值旨归是实现学生个人价值与社会价值的共同发展,目标指向在于培养全面发展的人才。作为"十大育人体系"

的关键构成部分,资助育人要实现的根本目的是立德树人。要实现资助育人的内涵式发展,不仅要让家庭拮据的贫困大学生拥有和普通学生同等的学习机会,还应使精准资助模式得到进一步完善。从"育人"的角度出发,新时代我国高等教育也应有新气象,"育人"功能也要更加突出地展现出来,要在理念方面进行创新,不断改进和优化运行的机制,对育人内涵展开更深层次的挖掘,更加准确地把握学生全面发展的个性化需求,为家庭经济困难学生提供更好的发展机遇。

经过多年的探索,资助育人的理念已经在各院校广泛开展积极实践,许多地方和学校已经摸索出了一些资助育人的模式,形成了一些典型经验,并产生了较好的效果。如清华大学的"鸿雁计划"、东南大学的"四措四准"精准资助工作机制、广西师范大学的"金凤计划"等典型案例和育人模式。通过这些育人模式的构建,给家庭经济困难学生提供了思想引领、学术发展、海外实践、素质拓展、心理辅导、就业创业等方面的指导和帮助。这些探索和实践对于资助育人对象个人价值的实现和全面发展起到了重要作用,达到了很好的育人效果,也彰显了近年来高校在资助育人方面发挥的积极作用和工作成效。

(二)政府部门

在我国现行的高职学生资助育人工作体系中,政府承担着重要责任,是重要的参与主体。首先,政府参与学校学生资助工作具有合理合规性。从政府职能理论来看,资助贫困学生是政府公共职能的重要组成部分。政府要始终遵循公平、平等的教育理念,使每个学生都能拥有平等受教育的机会,确保贫困学生也能身心健康地成长。在社会经济不平等、家庭经济困难仍是阻碍大学生入学重要因素的背景下,对学生提供必要的经济援助是维护高等教育机会均等、促进教育公平、保障受教育者权利的重要手段。高等教育具有准公共产品属性,国家发展高等教育需要政府加大财政拨款与资助力度。政府对高等教育的资助通常有资助学校和资助学生两种方式,形成相应的拨款机制和学生资助制度,构成了高等教育财政制度的重要组成部分。政府参与高等学校学生资助工作,既可以满足社会公共利益的需要,还可以弥补学生个人因家庭贫困带来的资金投入不足。其次,政府参与学生资助工作,可以促进社会阶层合理流动。政府为家庭经济困难学生提供经济援助,有助于贫困学生通过教育获得自我发展,把他们摆脱贫困的希望变成现实。只有这样才能真正从根源上解决贫困问题,提升整体国民文化素养,增进社会和谐稳定。再次,政府资助学生是推进教育公平、保障和改善民生的应有之义。同时,积极做好民生保障工作,避免生活拮据家庭因为子女完成学业陷入进一步的贫困中。最后,政府加大对高等教育学生资助工作的投入,也是消除教育差距和教育不公、对教育弱势群体进行帮扶和补偿的重要举措,彰显了政府执政为民、务实解决人民群众实际问题的执政理念。政府在对大学生资助方面的工作和功能发挥,主要体现在建构制度、完善体系、投入经费、健全机构、宣传政策五个方面,具体如下:

一是建立国家学生资助工作制度和管理办法,为资助工作提供依据和遵循。为使贫困家庭学生不因家庭拮据而无法完成学业,政府要从政策层面给予保障,不让大学生因为家庭的贫困和拮据而"掉队"。同时,对贫困学生资助过程中的各环节,也要以制度为核心加强建设,对助学工作进一步规范和细化,如完善奖助学金管理条例等,以制度的公开透明让被资助的学生更加深刻地认识到教育的公平,其中,涵盖名额分配、评审的办法和依据、组织程序等。制定奖助学金发放和资金管理制度,明确资金发放条件和办法,确保资金及时、准确、足额地发放到受助学生手中,杜绝虚报冒领、克扣、滞留、挪用等情况的出现。此外,政府相关部门还需要制定和完善其他相关配套制度,如家庭经济困难学生认定制度、资助工作队伍建设制度、国家助学贷款财政贴息和风险分担与补偿制度、学生贷款后跟踪管理制度、社会力量捐款助学激励和管理制度等。

二是构建全覆盖、立体化的资助体系,引导学生实现理想抱负。为切实保障人民群众受教育的机会,让家庭经济困难学生上得起大学,政府要发挥其在学生资助体系中的主导作用,建立全覆盖的国家助学体系,为学生提供多样化的资助,使其中经济拮据的学生也能享受到不同形式的政府资助。政府应设立国家奖学金、国家助学金、国家助学贷款、退役士兵资助、免费师范生资助、基层就业学费补偿、新生入学资助等多个政府助学项目。整个助学体系通过政策引导学生，将个人价值与社会价值相结合，投身国家和社会的建设。

三是不断加大学生资助财政投入，持续提升对学生资助水平。政府财政投入是国家学生资助资金很多类别的主要来源。从资金来源上看，尽管有社会力量出资和银行贷款，但政府仍是对学生最主要的资助者，其资助力度和覆盖面是其他社会力量无法比拟的。近年来，为了提升对大学生资助水平，国家提出，资金可以由中央与地方政府共同分担，根据公共财政体制的要求，地方政府要加大投入力度，做好预算工作，同时，根据经济发展水平和财力状况，逐年增加助学经费投入，不断提高资助水平。

四是设立学生资助管理机构，提高资助工作有效性。为了研究和制定贯彻落实普通高等学校资助政策，指导和检查高等学校国家奖助学金的评选与发放工作，协助经办银行做好学生贷款的申请、发放和回收工作，成立相应的专门机构来管理和协调各类学生的资助工作是必不可少的。在教育部成立国家层面的学生资助管理中心，统筹管理和协调全国学生资助工作。在地方成立省级、市级和县级学生资助管理机构，归口管理辖区内学生资助工作。明确各级管理职责，指导、监督和管理所在辖区高校开展资助育人工作，并对所辖各级资助队伍进行培训，提升资助人员业务素养，为贯彻落实国家资助政策提供组织保证。

五是进行学生资助政策宣传，推动资助政策深入人心。首先，利用多种形式、多种渠道进行学生资助政策宣传。如每年教育部都要求各省（自治区、直辖市、计划单列市）教育行政部门、各中央高校及地方高校全面开通高校学生资助热线电话。在录取时，随录取通知书发放资助政策宣传材料，向即将入学的新生普及资助政策。其次，利用各种平台及时宣传助学举措、经验及取得的育人成效。为高职资助育人工作者提供参考和思路，营造良好的资助育人风气及资助育人氛围，争取社会各界对资助工作的支持，广泛吸纳社会优质资源支持学生资助工作。最后，举办各类育人活动。如教育部学生资助中心"助学·筑梦·铸人"主题作品征集活动、"千校万岗·精准帮扶"就业专项服务行动、"国家助学贷款助我成长"主题征文活动等，充分体现了国家学生资助政策的人本情怀，展示了学生资助政策在国家发展、社会建设中的作用,在资助育人工作中发挥了重要作用。

(三)金融机构

金融机构是资助育人的重要校外主体。金融机构的主要任务是对学生助学贷款的审批与发放。这是政府政策推动和财政激励的结果,也是其积极承担社会责任的表现。对政策性银行而言,承担国家助学贷款业务是其履行自身职能的内在要求。金融机构在学生贷款方面的职责主要体现在审批发放、防范风险、建立征信、宣传教育、规范制度等方面。银行作为现代市场经济重要的金融企业,扮演着社会资金供应者的角色。应引导其全面履行企业公民的社会责任,关注民生问题,为民生领域建设提供全面的金融服务和资金支持,在教育领域践行社会责任就是要开展好国家助学贷款业务,按照应贷尽贷的要求,满足众多贫困学子的贷款需求,帮他们圆大学之梦,助他们顺利完成学业。国家开发银行(以下简称"国开行")的服务宗旨就是"增强国力、改善民生",致力于结合社会需求构建完善的普惠金融体系,为教育公平提供保障,为人人都能享有平等的融资权创造条件。在此理念支持下,国开行在国家助学贷款方面,创造出全新模式——"国开行模式",在育人方面,银行主要发挥对学生进行金融知识教育和诚信教育的作用,主要有以下几种方式。一是广泛开展政策宣讲和诚信教育。由于学生贷款是信用贷款,不需要任何抵押担保,客观上存在较大信用风险。为了保证学生贷款"放得出、收得回",经办银行在办理学生贷款的过程中,往往通过召开座谈会、宣讲会和发放学生贷款宣传材料等方式,对资助对象进行贷款诚信教育和知识普及。二是通过个人信用体系和惩戒机制约束学生。银行通过建立和完善学生贷款的个人信用体系,提高贷款效率,并通过加快个人征信系统建设,降低学生逾期还贷的概率。三是参与学生贷款相关政策的制定。完善的政策法规体系是确保国家助学贷款良性运行的制度条件。教育部、财政部等国家部门联合金融管理机构以及经办银行,陆续制定了与国家助学贷款相关的政策文件和通知,不断完善国家助学贷款工作的相关制度文件,助力我国资助育人工作政策体系的完善。

(四)社会力量

学校应建立与社会力量的多维度协作,利用一切可利用的资源增强育人效果,构建协同运行体系,提高育人工作的专业化程度,扩大育人覆盖面。特别是,在困难学生资助方面要投入更多的资金和资源,提高育人质量。[①]《关于鼓励社会力量兴办教育促进民办教育健康发展的若干意见》中强调了要提高我国教育服务质量,鼓励社会力量参与其中。[②] 捐资助学行为彰显了社会组织扶贫济困、奉献爱心的良好精神风貌和社会责任感。除了其自发的捐赠动机外,政府的引导和激励也提升了社会力量参与助学的积极性。各方资源和力量的不断加入,帮助很多学生解除了后顾之忧,使他们能够安心在课堂学习。《中华人民共和国高等教育法》也明确指出对品学兼优的学生进行全面激励。事业单位和社会团体等社会力量也要为学生发展提供一定助力,可以设立各种奖学金,鼓励优秀学生通过自己的努力获得支持。也可以对家庭经济困难的学生设置针对性强的助学模式为他们提供全面帮扶。

为了筹集更多的助学资金,高校也制定了吸引校友和社会力量捐资助学的措施和办法,成立具有公益性捐赠税前扣除资格的教育(发展)基金会。法律规定个人或企业对高校进行捐助、捐赠同样享受税收优惠,对捐助资金的管理比以往更加规范、透明、公开,让捐助方及时了解捐赠物的使用去向。在国家政策的积极引导和高校的有效鼓励下,社会力量参与我国高校资助学生工作的积极性有所提高。与此同时,在社会各界的共同努力下,我国社会力量捐赠的社会氛围渐浓,各类爱心慈善募捐活动逐步趋向常态化,爱心助学活动也由此受益。公众对爱心助学募捐活动的参与度越来越高,每年的助学捐款额度呈增长趋势。

在资助育人具体工作方面,通常的模式是热心于教育事业的社团、企业、个人或校友在高校自愿捐资设立多项基金。高校设立教育发展基金

[①]　国家发展和改革委员会."十三五"国家级专项规划汇编:下[M].北京:人民出版社,2017.

[②]　冯刚.改革开放 40 年高校思想政治教育编年史(1978—2018)[M].北京:北京师范大学出版社,2019.

会,统一管理社会各类捐赠项目,并向捐赠人提供受资助人员的资料和基金的财务报告。根据捐赠者意愿,在高校教育基金会下成立以捐赠方冠名的专项基金,单独设账管理。该专项基金管委会负责制定专项奖助学金的评选标准、等级、金额及具体的操作细则,并组织实施专项奖助学金的申请、评审、颁发等具体事务。随着资助工作的开展,不少学校设立了专门的机构和岗位来负责和规范社会资助。社会资助的金额、形式和用途公开透明化,评选程序规范化,提高了社会参与高职资助工作的正规化程度,推动了工作的良性开展。^① 社会各类奖助学金在我国高职资助育人体系中起到了非常重要的补充作用,尤其是在"精准扶贫"思想的指引下,社会组织助学的积极性得到了充分调动。通过和学校深度合作构建的资助育人模式,采取精细化扶贫措施,使其育人功能得到了充分发挥。

资助育人工作中引入社会力量为高职资助工作提供重要的物质支持的同时,还需要社会力量助力资助育人实践活动的社会化和多元化,从而实现资助育人效能的最大化。社会组织因其扁平式的组织管理模式以及区别于学校的育人资源,有着更加多元、灵活、丰富的育人资源。目前,社会力量参与育人实践主要有两种方式。一是为学生提供实习或就业机会。社会组织利用自身优势和资源为学校学生提供实习、勤工助学或就业机会,提升学生的能力,尤其是对于解决家庭经济困难的资助对象的就业压力非常有帮助。二是开设相关讲座和实践活动,给学生提供职业生涯规划、素质拓展、参观实践等机会,帮助学生开阔视野,增长见识,助力其全面发展。

值得注意的是,还有很大一部分社会机构与学校的合作模式是社会机构进行直接的资金拨付,具体资助育人工作由学校代为运行管理。这种合作模式操作简单直接、可操作性非常强。学生提交申请之后,可以快速申请到资助。但是对于学校来说,这种模式只不过是拓宽了资助资金的渠道。从受助学生的角度来说,没有取得预期的育人效果,因为这些学生只获得了经济方面的支持,在能力和资源等方面并没有获得相应提升。

---

① 冯刚.大学生思想政治教育工作概论[M].北京:北京师范大学出版社,2020.

从社会组织的角度来说,基金会的宗旨也没有得到充分体现,育人效果不明显。这种状况下会浪费育人资源。总的来说,这种资助模式的育人效果没有得到充分彰显,合作的双方和资助对象在此过程中都没有实现收益最大化,这也是当前社会机构参与资助育人工作最大的问题和局限。

二、资助育人对象特征分析

准确理解和科学把握资助育人的对象,是做好高职资助育人工作的先决条件。只有深入剖析资助育人的对象特征,真正掌握教育对象的类型、成长特点和思想演变规律,才能使资助教育的实施更加科学。

(一)资助育人对象的界定

资助育人对象是指资助育人工作中接受教育的学生。这也是在资助育人研究和实践中对育人对象最普遍的界定。但需要注意的是,受教育的学生是否仅仅指的是受资助的学生。一项全国资助育人调查数据显示,在参与调查的高职教师中,约 60% 的教师认为资助育人的对象应为全校学生。① 可见在实践中,育人工作者就这一点尚未达成共识,很多工作人员和教师仅仅将资助育人对象界定为家庭经济困难学生,这其实在一定程度上窄化了资助育人的教育对象,与新时代资助育人内涵式发展的理念不符。事实上,高职资助育人工作具有普适性,其教育意义应覆盖全体在校学生。但是,应注意到资助育人工作的特殊性,与其他育人工作不同,资助育人应将受资助学生作为教育的切入点和抓手,更应重点关心和关注家庭经济困难的受资助对象。

由于对资助育人对象的认识不清晰、不明确,以及存在窄化现象,在资助育人工作实施时,也存在着将重点对象视为资助育人的全部育人对象的现象,通过各省市资助中心和各大院校资助中心网站的活动新闻报道可以看出,现在我国的资助育人实践活动和育人工作主要围绕家庭经济困难学生开展,为其提供各类帮助和资助等帮扶,而相对忽略了其他资助对象的育人工作。对于获得各类奖学金学生、勤工助学学生、赴基层就

---

① 胡元林.高职资助育人研究[M].南京:南京大学出版社,2019.

业学生等资助对象的教育和引导显得较为弱势,这部分育人工作的实践经验也相对较为稀缺。

(二)资助育人对象的类型

资助体系包括"奖、贷、助、补、勤、减、免"多种资助类型,不同的资助类别面向的资助对象是不同的,研究资助育人必须根据不同资助类型对资助对象进行划分,根据不同类别的资助对象实施有针对性的育人工作,有的放矢,才能达到提升资助育人成效的目的。

资助育人实践有一定的操作难度,可以根据教育目标的不同和实践研究特点的差异,将受资助对象分为两类。第一类是按照受资助的方式不同进行区分。资助对象按受资助程度可分为未受资助、奖励性资助、助困性资助和勤工助学资助。未受资助是指学生在学校时没有得到任何补助。高校毕业生的奖励性资助主要为在某些领域取得优异成绩而获得一定的资助。助困性资助的对象是指单纯因为经济困难而获得经济补助的学生。勤工助学资助指的是资助对象通过一定的劳动获得补助性报酬。第二类是按照被资助人的家庭经济条件进行分类。根据被资助人的家庭经济条件,大体可以分成家庭经济困难和非经济困难学生。家境困难的学生主要是指那些因为经济条件较差而无法如期完成学业的学生。上述两类只是宏观的整体,在不同的分类中,可以按照不同的标准进行更精细划分。比如,依据资助项目的不同,可以将奖励类型分为国家奖学金、学业奖学金和专项奖学金等,依据家境困难原因的不同,可以将家境困难分为自然贫困和社会贫困等。又如,接受同一类型资助的学生中,分为大专生、本科生、硕士生和博士生等不同的学历层次,以及在同一学历层次的不同年级,其中,每一类学生都有不同的诉求和特征,都需要因材施教。

综上所述,对资助育人对象做分类特征的研究和分析很有必要。育人对象的成长背景、个性特征和受助类型不同,他们的心理状态和所处情境就截然不同,采取的育人手段也应因人而异,才能提升资助育人的针对性和效果。

(三)资助育人的主要对象

广义上看,资助育人的对象是全体学生,但资助育人的重点和难点在于家庭经济困难学生,应该对他们进行专门的研究和分析。

首先,需要明确家庭经济困难学生的内涵。在具体实践中,各院校在家庭经济困难学生认定方面有具体的做法,根据教育部要求制定具体的细则和方式,对学生进行分层、分类、分档,如困难和特别困难。其中,重点关注的对象就是建档立卡户学生、低保家庭学生、特困户学生、烈士子女等。虽然我们已经取得了脱贫攻坚战的胜利,已经彻底解决了区域性整体贫困,但是从经济学角度来讲,各院校贫困生属于相对贫困范畴。因此,有经济困难的大学生依然大量存在,同时我们还应该关注来自脱贫不稳定家庭和边缘易致贫家庭的学生群体。

在精准划定家庭经济困难学生的基础上,还应该对家庭经济困难学生进行分类研究。家庭经济困难的成因有很多,有历史原因、自然因素和社会因素,也有外部因素和内部因素。总体来说,宏观经济环境、地区发展不均衡、家庭突发变故等都可能导致家庭贫困。一些学者把贫困学生的原因归纳为:社会阶层分化、城乡差距、区域经济发展不均衡以及高等教育收费制度改革。[①] 不同类别的家庭经济困难学生虽然都面临经济困境,但学生的成长环境和除经济困境以外的困难是有所差异的。因此,对于家庭经济困难的学生,不能仅仅以困难、特别困难为标准对其进行简单粗暴的划分,而应了解和掌握学生致贫的原因,以更好地对学生实施帮助。

除了具有大学生普遍的特性外,家庭经济困难学生也有其特殊的状况。只有从群体与个体、宏观与微观的统一维度来剖析家庭经济困难学生的状况和特点,才能全面、准确地了解实际情况。从宏观、群体两个方面进行分析,有助于全面掌握家庭贫困大学生的总体特点,有利于指导各学校助学活动的策划、实施,提高工作的全局性、科学性。而从微观和个别的角度来看,可以更好地把握学生的个性差异,从而有利于增强资助育人的实效性和针对性。

___

① 张耀灿,等.成才不是梦:高校贫困生的现状与未来[M].北京:人民出版社,2005.

三、资助育人教育介体分析

教育介体指的是在育人过程中所用的手段与方式。特别是,在思想政治教育过程中,教育者只有采取合适的方法和手段,才能帮助受教育者形成良好的思想品德规范,从而达到育人目的。[①] 在育人工作开展过程中,这些方法与手段起到了纽带作用,也是进行思想政治教育的基本要素,要不断实现教育介体的创新。教育介体不仅包括教育方法和手段,而且包括教育目的与内容等,是教育活动中不可缺少的一部分,也是取得成效的保证和条件。资助育人者与资助育人对象只有借助一定的形式才能有效互动,资助育人者也只有借助一定的方法才能将特定教育内容有效地传授给资助育人对象,达成资助育人的目的。下面将对资助育人的育人内容、育人方式和典型模式进行详细分析。

(一)资助育人内容

在当前的资助育人实践中,育人内容主要集中在大学生思想政治教育、心理健康教育、感恩教育、拼搏奋斗精神教育和诚信教育等方面。

一是思想政治教育。高等教育是关系到国家未来发展前景的教育,高等教育在培养大学生时,不仅重视大学生的知识能力,还重视大学生的思想道德品质。学生的思想道德水平在一定程度上决定了其未来发展的路向,同时对其知识能力的提升及其他素质的发展均起着十分重要的作用。高职资助育人工作在帮扶经济困难学生的同时,还积极提升大学生的思想政治素质,对大学生进行全方位的关注和关爱。从数十年来中国高职资助育人的成果看,大部分家庭困难的学生在受到资助后,均具有良好的思想道德品质,对党和国家的方针政策积极拥护。许多受资助的大学生通过申请入党、积极参与社会公益活动等形式回报国家和社会,具有积极向上的良好道德品质。当然,在受资助的大学生中,不乏个别学生因贫困而产生一些思想问题,例如,崇尚金钱至上,对党和政府产生抵触心

---

① 陈万柏,张耀灿.思想政治教育学原理 第3版[M].北京:高等教育出版社,2015.

理或思想懒散、自信心不足等。这些问题对我国高职资助育人工作提出了新要求，也引起了育人工作者的关注和重视。通过拓展思想政治教育渠道和教育资源，将资助育人与党建、团建、班级建设有机结合，加强对学生的思想引领和道德教育，提升资助育人对象的思想政治素质。

二是心理健康教育。心理健康教育是思想政治教育的重要内容之一，对学生心理健康的重视程度在不断提升。通过不同方式开展心理健康教育，能够增强学生承受挫折的能力，帮助学生养成克服困难的品质，提高学生的自律自强意识，让学生形成自尊自爱的情感。许多大学生由于家庭经济困难，在刚入学时易产生内心敏感、自卑、孤僻等心理问题，在学习和生活中缺乏自信，不利于学生的学习和生活。长此以往，必然影响此类大学生的成长与成才。面对贫困大学生的这种心理状况，我国高职资助育人政策不断完善，帮助贫困大学生缓解心理压力，树立自信。例如，我国高职资助育人体系为经济困难大学生开设了"绿色通道"，使考上大学的学生先入学后办贷款，及时缓解了大学生担忧无法上学的焦虑心理，锻炼了大学生的意志，使大学生懂得在面对困难时只要积极应对就能渡过难关，增强了学生的抗打击能力。针对出现的一些大学生由于公开接受资助而承受较强心理压力的问题，随着资助手段、资助形式越发多元，工作过程中也越来越关注学生的内心感受，避免对学生产生心理压力和精神负担，保护学生的隐私和自尊心，帮助他们在学习和发展中建立积极乐观的心态。此外，高职资助育人体系中的勤工助学政策，不仅能极大地改善贫困学生的经济状况，还能激发受资助学生的主观能动性，让他们学会更好地与他人沟通，并建立良好的人际关系。同时，勤工助学活动还可以锻炼大学生多方面的能力，有利于培养受资助大学生的综合素质，为受资助大学生毕业后尽快适应社会，在工作岗位上创造价值奠定基础。

三是感恩教育。感恩教育就是要帮助学生树立正确的价值观和思想意识，使大学生充分感受到国家或学校、社会各界的关心和帮助，激发学生的感激之情，实现资助育人主客体在有效互动的过程中相互影响。受助学生在接受他人帮助的过程中，思想和情感都能够受到震动，从而生成积极情感，并产生这种情境的心理认同。在具体的资助情境中对学生进行感恩教育,可以让学生受到熏陶而自发形成一种感恩意识,从而实现资助育人的目的。如果学生认为资助属于理所应当,甚至觉得资助的力度较小,自己没有获得多少实惠,实际上就是缺乏感恩之心的表现,根本原因是感恩教育的缺失。因此,在资助育人实践中应加强对学生感恩意识的培育,通过多样化的资助方式,让受资助的大学生在充分感受到集体关爱的同时,树立感恩意识和情怀,培养受助大学生产生高度的社会责任感。例如,受国家资助的师范生在毕业后返回家乡从事基础教育工作,就是一种积极回报社会的方式。更多受资助的大学生则选择以更加积极的方式从事工作,在实践中发挥自己的价值,并以力所能及的方式从事公益活动,将爱心传递下去。

四是拼搏奋斗精神教育。贫困大学生多出生于偏远山区,一般具有较强的克服困难的毅力及勤奋好学的精神。我国资助政策为他们提供了上大学的机会以及实现理想的平台,使他们能够克服因家庭贫困带来的不利因素,在更高的平台上发挥聪明才智。我国资助政策中的国家励志奖学金制度,就是为品学兼优的家庭经济困难学生设立的,激励在校贫困大学生勤奋刻苦、不断进取。获得国家励志奖学金的学生,不仅能直接解决经济上的困难,还能在学习上建立自信,获得精神上的自我认同感和满足感,从而进一步激发学生对知识的渴求和通过自我努力改变人生的渴求,积极发挥学生学习的主观能动性和创新精神,在学术和学业上不断攀升。除此之外,国家励志奖学金并非由国家无条件资助,而是贫困学生通过刻苦学习换来的,有利于培养贫困学生树立踏实肯干的良好品质,从而提升学生的综合素质。

五是诚信教育。在学生资助工作中,很多环节的顺利进行其实是建立在学生诚信基础上的。目前,资助育人工作主要采取综合认定的方式,如安排专岗专人负责家庭经济困难学生的精准认定工作。高职资助工作的难点在于经济困难学生认定方面,学生和家庭的可支配收入由学生本人提供,学校工作人员难以进行准确判断,无法做出客观评价。因此,诚实守信是高等教育的重要内容之一,也是高职资助工作的基本原则。

(二)资助育人方式

目前,学校对学生资助育人体系不断完善,整体而言,我国各学校学生资助育人的方式,以广泛开展宣传、组织实践活动、能力提升训练三种类型为主。

一是广泛开展宣传。在开展资助育人实践时,普遍重视对资助育人相关工作的宣传。首先,资助政策宣传。多平台、多时点、多形式的政策宣传,是让资助育人者、资助育人对象和社会力量了解资助、认同资助、受益于资助的重要手段。随着新媒体传播日益普及,资助育人的宣传方式和宣传载体也在不断创新,如通过抖音、微信公众号、微博等多种形式进行政策宣传。这给家庭经济困难学生带来了信心和力量,并通过光明网、中国青年报、共青团中央以及许多社会上有影响力的自媒体转发,在社会上引起热烈反响。其次,资助育人相关工作和成效的宣传。学校可以通过微信公众号、手机短视频、网站宣传片等媒介,发布资助育人的工作内容和工作进展。最后,利用宣传的方式进行育人教育。大力宣传获奖者事迹,运用微信公众号、网站新闻、事迹宣讲会、经验分享会、校内张贴旗帜等方式深化榜样形象,强化榜样力量。

二是组织社会实践活动。社会实践活动能力是新时代大学生必须具备的一种基本技能,是他们增长知识、提高素质的有效途径。很多大学会组织学生参加各种社会实践活动,包括义务支教、支农、支医、社会调研等。通过积极发掘社会实践活动平台,为受助学生提供更多参加社会实践的机会,可以让他们在实践活动中提高理论联系实际的能力,在参加社会实践过程中融入社会,培养自身的能力。在帮助别人的同时,体会到奉献的意义和快乐,从而加深对感恩和责任的理解。大学生在社会实践中培育和践行社会主义核心价值观,能够更好地认识自己和提升自己,由此凸显资助育人的效果。

三是开展能力提升活动。教育部文件中多次提出:要"构建物质帮助,道德浸润,能力拓展,精神激励,有效融合的资助育人长效机制"①。新时代高职资助育人应从物质、道德、能力、精神四个方面入手,加强对学生的资助与培养。在培养学生的能力时,应根据实际情况因人而异,为培

---

① 冯刚.改革开放以来高校思想政治教育发展史[M].北京:人民出版社,2018.

养对象的能力提供更具针对性、多样性、全方位的支持,以达到"授人以渔"的效果,实现"扶困与扶智""扶困与扶志"的有机结合。在这样的背景下,很多大学都在积极探索资助教育方式、培育典型模式,评选和表彰资助育人的优秀个人。比如,针对不同的受助大学生进行调研,围绕他们的不同需要,进行有针对性的能力培养和提高。借助大数据和数据挖掘技术,为他们制订能力培养和提高方案,同时可以通过网上授课、讲座等方式,多渠道帮助受助学生提高自身的能力。

第五节　高职院校学生资助体系取得的成就

在党中央关于家庭经济困难学生资助的重要文件精神指导下,各高校结合学校特色,对高职院校家庭经济困难学生的资助体系进行了不断探索和实践,有了一定理论成果和实践经验,成果比较显著,主要体现在以下四个方面。

一、形成以经济资助为基础的多元资助理念

近年来,我国对家庭经济困难学生的资助不仅帮助学生解决学习和生活困难,而且还以提升家庭经济困难学生的能力为目标。因此,目前各高职院校在对家庭经济困难学生进行具体的资助实践探索中,形成了以经济资助为基础的多元资助理念。

第一,高职院校在对学生进行经济资助的基础上,也对学生进行心理疏导、学业帮扶和就业创业指导等其他方式的资助,比如重庆电子工程职业学院根据高职院校学生特征和内在需求,建立在校家庭经济困难学生数据库。在学生大三的求职阶段,会提供专门针对家庭经济困难学生的就业帮扶和求职补助。通过经济资助与就业帮扶相结合,实现对学生的多元资助。

第二,无偿资助与有偿资助相结合的理念。目前,各高职院校除了为家庭经济困难学生提供国家和学校的奖、助学金资助之外,各高职院校学生资助中心以及各二级学院的学管科,还通过为部分家庭经济困难学生

提供勤工助学岗位等方式,让部分家庭经济困难学生通过利用自身知识和劳动合法获取相关的物质报酬。

第三,显性资助与隐性资助相结合的理念。为了保证资助资金能够公开、公平、公正地到达家庭经济困难学生手中,各高职院校往往会让家庭经济困难学生提交申请表、证明材料来详述家庭状况、贫困原因,甚至还会安排公开演讲、审核公示等环节。这样的做法虽然能在一定程度上避免暗箱操作,确保资助资金不会"所托非人",但是这种做法却会或多或少地增加家庭经济困难学生的心理压力和负担。"隐性资助"采取大数据筛选机制,通过大数据获取学生的贫困数据,通过对学生私下发放资助资金的方式来帮扶学生,这样不仅可以帮助寒门学子解决生活上的难题,更能以这种低调的方式照亮他们的内心,使他们可以更自信、更平等地与他人交往。"隐性资助"不仅传递自信、自尊、自强的生活态度,更彰显人性的温度。显性资助与隐性资助相结合,可以以润物细无声的方式启迪贫困学生的心灵、健全他们的人格。

第四,可持续发展理念。实现高职院校学生的可持续发展,即保证学生在校期间以及毕业之后都能不断提升个人能力和水平,从而实现学生的永续发展。多元资助理念通过提升贫困学生的能力和素质,使其成为对社会有用之才,这就需要学生具备可持续发展的能力。因此,各高职院校在实践探索中,以可持续发展理念为方针,倡导扶贫与"扶志""扶智"的结合,倡导理论学习与实践训练的结合,在为家庭经济困难学生提供资金和发展的基础上,激发学生树立自强精神和发展意识。

二、注重对学生的发展型资助

近年来,随着国家对学生综合素质的重视和培养,各高职院校也越来越重视对学生的发展型资助。

第一,在学生的思想道德素质培养方面,各高职院校注重提升家庭经济困难学生的素质能力,通过为贫困学生搭建了解社会、回馈社会、提升个人能力的平台,帮助学生树立正确的"三观",开发学生的学习潜能,提升学生的综合能力,引导高职院校家庭经济困难学生树立为社会服务的意识。

第二，在学生的科学文化素质培养方面，重庆电子工程职业学院通过实施"丰润励志奖学金""华润励志奖学金"等资助计划，鼓励学生通过自己的努力实现发展目标。一方面指导学生做好职业生涯规划，引导和培养学生的学习兴趣，提高学生的实践能力、人文素养等；另一方面通过学校的各个社团和各个校友资助项目，对学校家庭经济困难学生某一领域的能力或素质进行更深刻的培养，提升学生的科学文化素质，实现扶贫与扶智的结合。

第三，在学生的身心健康素质培养方面，各高职院校资助体系直接体现的是帮助学生解决入学困难和发展困难问题，此资助体系根据学生志向远大同时压力也大的实际，采取经济支持与能力提升并重的措施。一方面，以经济资助为基石，解决学生的入学问题；另一方面，关注学生的身心健康和能力发展，尤其是关注高职学生由于家庭经济困难引发的系列心理问题，从经济、思想、技能、素质和就业等方面形成系统化的资助措施，帮助学生健康成长成才。如重庆电子工程职业学院在给予学生物质帮助的基础上，通过班级心理委员和学校、学院的心理健康部门，对学生开展有针对性的心理教育，引导学生了解心理问题、解决心理问题，使其身心健康发展。

第四，在学生的专业创新素质培养方面，这种资助方式通过突破简单的经济援助，将资助的最终目的指向学生个人的全面发展，为学生的成长成才拓展平台以及奠定基石。比如重庆电子工程职业学院对家庭经济困难学生创业能力的培养，主要通过具体实践和项目化研究，引导家庭经济困难学生以个人或团体形式参加相关的实践和研究项目，从而增加其对社会和国家的了解，进而提升这部分学生的社会适应能力和社会服务能力。在重庆电子工程职业学院2020年的校级课题申报通知中，明确提出为了提高学生的科研能力，课题要有学生参与研究。

三、丰富技能培训途径

各高职院校在对家庭经济困难学生进行资助的实践中，基于经济资助的基础,不断丰富对家庭经济困难学生的技能培训途径。第一,重视对学生的实践技能培训。在"1+X"证书的制度实施背景下,部分高职院校为困难学生开设技能培训的绿色通道,比如为困难学生提供相应的技能培训,促进学生专项能力或综合素质的提升,提升学生的实践技能。第二,重视提升学生的学习技能。部分高职院校通过资金自筹的方式,聘请校内外优秀教师和专家针对家庭经济困难学生开展各种技能培训,如英语等级考试培训、特殊技能培训、计算机等级考试培训、专升本入学考试培训、职业能力考试培训、创新创业培训等。

四、通过资助提升育人效果

为大力推进资助育人工作,全面构建资助育人质量体系,充分发挥高职院校学生资助在打赢脱贫攻坚战上的重要作用,部分高职院校通过将资助育人工作与高职学生思想政治教育相结合,与诚信、感恩、励志教育相结合,与维护校园稳定相结合,精心组织、创新活动形式促进学生成长成才。

第一,开展诚信教育系列主题活动。通过在全校范围内开展诚信科普知识竞赛和辩论赛,开展"资助育人"诚信教育主题班会等,引导高职院校家庭经济困难学生践行社会主义核心价值观,明礼诚信、一诺千金。

第二,开展励志、感恩主题教育活动。高职院校充分发挥各类奖助学金的激励导向作用,大力宣传国家资助政策及育人成效。通过资助资金获得者的事迹及经历介绍,传播正能量,引导高职院校家庭经济困难学生坚定理想信念、涵养奋斗品行,鞭策全校学生在大学期间发奋图强、艰苦奋斗,以感恩为舵,自强为帆,砥砺前行。

第三,为学生创造义务劳动机会,加强学生的奉献意识。通过鼓励高职学生积极参加志愿服务和公益活动,教育受助学生树立社会责任感,感恩回馈,勇于担当,并以此为契机,全面推进高职院校的资助育人工作。通过打造高职院校贫困学生的资助新形象,鼓励学生在最美的青春年华,通过自己的拼搏奋斗,成为感恩图报的积极传播者和模范践行者。

第四,搭建高职院校的资助育人工作平台。结合国家的资助育人要求,在做好高职院校家庭经济困难学生经济资助的同时,还需采取更加有效的"扶学""扶志"等帮扶措施,通过对学生开展学习技能提升、心理素质帮扶、思想政治塑造、就业能力培育等育人工程,帮助学生有效解决学习、心理、思想、就业等方面的问题和实际困难,提升高职院校家庭经济困难学生的综合素质与能力。

第二章　高职学生资助育人工作目标

在组织的管理层面,设定目标是不可缺乏的且至关紧要之事。它有能力为组织设定前进的路线,给予协调团队活动以明确方向,并指导组织成员走向一致的活动。它能够为组织成员带来激励,帮助他们找到更加强大的动力和行动力,从而取得更佳的表现和成果。它既是组织日常的决策和评估标准,也是制定和执行决策的起点,更是考核管理决策制定与实施的重要依据,提供了重要的参考。面对有限的资源,任何组织的运作、任何制度的执行,以及任何具体的任务展开都不应该盲目行事。相反,我们应该明确设定目标,进行目标导向的管理,这样可以提高投资的效益。

第一节　资助育人工作目标设定原则

高职学生的资助教育目标可以为资金支持教育的进程明确方向,为决策制定和评估提供准则,进一步鼓励工作团队成员高效地完成任务。设置目标时,并不能单纯地按照预期方向,而应该坚守目标的协同性、多样性,以及在接受度与挑战性中实现动态平衡的核心原则。

一、协同化

确定高等教育机构的资助人才培养目标,我们应该结合国家和组织的总体观念,以及家庭经济困难学生的个人视角。首先,高职学生的资助型育人活动是在遵循国家资助政策的制度框架和关键内容的基础上,结合地域和学校的特点来进行的。这项工作的目的应该与国家资助政策的总体目标完全一致和相互呼应,服务于它的目标,并且与总体目标相一致,不会出现偏离。其次,资助学生成为高等教育机构在教育、管理和服务工作中一个关键环节,其目的应整合在学校的全面发展蓝图内,以促进这些目标的全面达成。最后,资助学生进行人才培养的措施也应该协助那些经济上受困的学生在个人目标方面的达成。资助和育人工作的目的应该体现在国家、高校和家庭经济困难学生个人的目标之上,实现它们之间的协调和融合。

二、多样化

资助教育的目标需要从多个角度和不同的层面来有效展现其工作成果。从内容角度来看,学生资助育人的工作主要集中在两个核心领域:资助和育人。其中,资金支持被视为一种手段,而培养人才则是最基本和最终的目标。观察资助育人工作的成效,我们可以看到短期与中长期、显性与隐性效能之间的显著差异。因此,资助的目标更有可能是量化的、短期的和显性的,而育人的目标则更偏向于定性的、中长期的和隐性的。资助的目的与育人的目标是相辅相成的,它们共同推进了高等教育机构的资助育人活动。

三、可接受性与挑战性动态平衡

资助教育的目标应当是切实、分阶段和有节奏地达成,从帮助经济困难家庭的学生顺利接受教育,到助力这些学生获得更好的就业机会,再到有序地阻止贫困的代际传播。在目标实现的推进过程中,所需的各种资源是不断变化的。即使在资源有限的情况下,低层次的目标也能轻松达成,而最高层次的目标则是长期坚持和多方共同努力的成果。高等教育机构在资助人才培养的工作中,不仅要确保目标的实际可达性和坚实的基础,还需要以"中国梦"为中心,拥有广阔的想象空间。

考虑到学生资助育人具有强烈的政策性,本章在遵循目标设定的协同化、多样性以及可接受性与挑战性的动态平衡原则下,从资助育人的主体和家庭经济困难学生作为资助育人的对象出发,从宏观、中观和微观三个不同的视角,详细阐述了高职学生资助育人工作的目标。从更广泛的角度看,学生资助教育的主要目的是支持国家的宏大规划和建设;从中观角度看,学生资助育人的核心目标是确保新时代的资助政策得到有效实施;从微观角度看,资助学生的教育目标旨在帮助经济困难学生成功地成长和发展。

第二节　宏观目标——助力国家宏伟蓝图建设

有效地进行学生资助不仅是构建人力资源强国的紧迫需求,也是全面建设小康社会不可或缺的条件,更是加速教育现代化进程的关键基础。这为有效地进行学生资助活动提供了明确的指导方针和目标设定。为了使学生资助工作更加深入和广泛,学校的学生资助育人宏观目标必须与国家资助政策的总体目标保持一致、相互呼应,以支持国家的宏伟蓝图建设,推动人才强国建设、全面小康社会建设,实现教育的现代化。

一、助力人才强国建设

自从人力资本理论被提出,人们对于人才资源的重要性和功能有了更为深入和系统的了解,认为人才资源是推动经济和社会发展的首要动力资源。因此,党和政府始终高度重视人才培养,视人才强国建设为党和国家的关键战略选择。人才被视为实现民族复兴和在国际竞争中取得主动地位的关键战略资源。目前,随着我国经济和社会进入新的发展阶段,中华民族伟大复兴迫切需要教育来为社会培育和输送各种类型的人才,但在这些人才中,具有创新能力的高端人才所占的比例相对较低。随着经济和社会的快速发展,对人才的需求与人才供应的不均衡和不充分之间的矛盾日益尖锐,这迫切需要社会对人事制度进行改革,调整人才配置,并根据人才的实际需求,培育出更高水平、更有能力的创新型高级人才。

高等教育院校在培养人才的过程中扮演着至关重要的角色,它们是培育高层次和创新型人才的关键场所,而大学阶段也是这些人才从学校教育转向社会实践的关键时段。为了更好地满足社会经济的发展需求,高等教育机构迫切需要加强对经济和社会发展的服务能力。对于提升高等教育机构在服务经济和社会发展方面的能力,20%～30%的家庭经济困难学生群体做出了不小的贡献。因此,高校有能力为经济和社会发展培养和输送高质量的家庭经济困难学生人才。家庭经济困难的学生可以获得高等教育的培训机会,然后通过社会工作的实践,最终成为高端人才、创新型人才等各种紧缺人才,这增加了高端人才、创新型人才的供应,优化了我国的人才结构,最终推动了经济社会的发展。党和政府必须对家庭经济困难的学生给予足够的关心和保护,对他们实施严格的教育标准,为他们提供一个展示自我、为社会做出贡献、追求卓越人生的平台。通过高等职业学院的学生资助和教育项目,帮助他们顺利完成高等教育和校园培训,为他们在社会实践中打下坚实的能力和素质基础,提升他们的思想道德、科学文化和身心健康水平,使他们成为具有国际竞争力的人才团队,尤其是那些能够紧跟并引领全球科技潮流的创新型人才,为中华民族的伟大复兴提供坚实的人才基础和领军力量。为了建设人才强国,高等教育机构需要提供高品质的资助和人才培养,这包括对家庭经济困难学生的培养和输出,从而为国家的现代化建设提供坚实的人力资源基础。

二、助力全面小康社会建设

全面小康社会的建设目标不能局限于解决基本的温饱问题,还要在政治、经济和文化等多个方面满足城乡发展的需求,以促使经济更为繁荣、民主制度更加完善、科学教育更加先进、文化更加兴盛、社会更加和谐,以及人民的生活水平进一步提高。基于小康社会的定义,党和国家设定了一系列基本标准,这些标准涵盖了人均国内生产总值、城市居民的人均可支配收入、农村家庭的人均纯收入、恩格尔系数、城市化率、家庭计算机普及率、大学入学率、每千名人口对应的医生的数量,以及城市居民的最低生活保障率等方面。教育被视为国家的基石,要达到全面小康社会的基本要求,不仅需要教育的全面支持,还需要教育子系统中的学生资助和教育工作的协助。坚定地推动学生的资助和教育工作,将直接或者间接地推动全面小康社会所需达到的基础标准得到满足和提升,从而为全面小康社会的建设提供有力支持。从一个更为直观和简洁的视角来看,要实现全面小康社会,首要任务是消除贫困,并减少城乡、各地区以及不同社会阶层之间的收入不平等。学生的资助活动对此起到了正面的影响,其在教育扶贫方面的贡献将会持续发力。

(一)高职学生资助育人工作缩小了劳动力市场分割带来的收入差距

劳动力市场呈现出明显的分割特性,它可以被划分为主要的劳动力市场和次要的劳动力市场两大部分。在劳动力市场中,高质量的专业人士占据了主导地位,他们的平均薪资也相对较高;次级劳动力市场主要是由素质较低的专业人士构成,他们的平均薪资也相对较低。学生资助育人项目的核心目标是帮助更多经济困难家庭的学生接受高等教育,培养他们成为高素质的专业人才,使他们能够顺利进入主要的劳动力市场并找到工作。此外,该项目还旨在增加主要劳动力市场对高素质人才的需求,从而使学生能够获得更高的市场平均工资,并在劳动性收入方面减少收入不平等。

(二)高职学生资助育人工作缩小了要素分配机制带来的收入差距

当要素分配机制起到作用时,如果劳动要素的数量和质量投入更多、要求更高,那么劳动的回报就会更大;投入更多的资本要素会带来更高的投资回报。学生资助育人项目的核心目标是提升家庭经济困难学生的受教育年限和受教育水平,增加人力资本的存量,以实现短期内劳动性收入的增长。通过将储蓄转化为存款,可以增加投资性资本的积累,加大资本投资的力度,从而有效地提高资本性收入,并通过提高劳动性收入和资本性收入的整体水平来缩小收入差距。

(三)高职学生资助育人工作缩小了要素再分配机制带来的收入差距

高等职业教育的资金支持主要来自政府的财政拨款、学校行政费用的计提以及来自社会的捐赠。资助本质上是一种国家对贫困群体和社会对贫困群体的转移支付,这直接提升了贫困家庭的经济收入,减轻了贫困家庭在教育方面的支出压力。

(四)阻断贫困的代际转移

学生资助育人工作是一项教育扶贫措施,它不仅可以改善贫困家庭的教育支出情况,还可以通过教育影响贫困家庭子女新组建家庭的经济状况,从而从根本上阻止贫困的代际转移,减少返贫的可能性,实现稳定脱贫,稳定贫困家庭的一些后代的经济条件。

三、助力教育现代化建设

为了现代社会、经济、科技发展的需要,教育需要实现现代化。《国家中长期教育改革和发展规划纲要(2010—2020 年)》指出:"教育现代化就是用现代先进教育思想和科学技术武装人们,使教育思想观念,教育内容、方法与手段以及校舍与设备,逐步提高到现代的世界先进水平,培养出适应参与国际经济竞争和综合国力竞争的新型劳动者和高素质人才的过程。"教育的现代化始终是教育领域持续追求的发展方向。高职学生资助育人工作,作为教育领域的一个重要分支,致力于实现教育现代化的目标,并推动教育向普及化、个性化、国际化和信息化方向发展。

(一)高职学生资助育人工作的全覆盖直接推动教育的普及化

高职学生资助教育项目的核心目标是确保经济困难的在校学生能够至少获得一个特定的资助方案,从而保证每一个成功进入大学的经济困难家庭学生都能够顺利地完成他们的学业。这项政策确保了绝大多数新加入的城乡劳动者都有机会接受高等教育,从而促进了教育的公平性,全方位提升了国民的整体素质,并推动了教育的普及化。

(二)高职学生资助育人工作直接推动教育的个性化

由于家庭经济困难的学生对资助的需求逐渐增加,与资助育人的供应存在不平衡和不充分的矛盾,这迫使学生资助育人的工作必须提高质量和效率。在高职学生的资助育人工作中,我们必须以学生的实际需求为核心,沿着资助育人的内涵式发展路径前进。我们需要构建一个发展型的资助体系,并建立一个将"物质援助、道德熏陶、能力发展、精神鼓励和规范管理"融为一体的长效资助育人机制。我们的目标是为经济困难的学生提供个性化和差异化的精准资助,培养他们成为全面发展且具有独特才华的创新型人才。这在很大程度上促进了教育个性化的构建。

(三)高职学生资助育人工作直接推动教育的信息化

在学生资助育人的实践中,我们充分利用了现代信息技术,并充分利用了 QQ、微博、微信等新媒体的育人功能。这确保了资助政策得到广泛的宣传和资助育人工作得到有效的执行,从而扩大了教育的范围和深度,为教育的普及、个性化和国际化提供了坚实的信息支撑。最终目标是通过全面覆盖、个性化、国际化和信息化的学生资助育人工作,实现教育的现代化,提升教育质量,优化教育结构,确保教育公平,并推动教育事业的高质量、高速度发展。

第三节　中观目标——贯彻落实新时代资助政策

在新时代,教育系统是实施资助政策和进行教育扶贫活动的核心力量。在教育体系中,学生资助育人目标的达成将有助于推动国家资助政策目标的全面实现。对学校来说,资助学生进行教育是其教育、管理和服务任务的核心部分,同时也是培养人才和进行大学生思想政治教育的关键环节。高等职业教育学生的资助和培养工作应当致力于实现学校的全面发展目标和教育目标。为了实现"立德树人"的核心使命,我们需要为学校的资助管理目标提供服务,进一步完善以发展为导向的资助机制,并确保资助的准确性。

一、落实"立德树人"根本任务

"我们应该培育何种人才,以及如何去培育他们",这构成了教育领域的核心议题。在人的成长过程中,德性的发展是确保人全面发展的基础保障。培育人的道德品质是教育的核心目标,而德育则是教育的真正含义,"立德树人"则是教育的基本使命。随着教育的进步,所有级别和类型的学校都必须坚守并实践"立德树人"的核心使命。学校作为培育和输送高质量人才的关键场所,必须紧紧围绕"立德树人"的教育核心任务,把握大学生价值观形成和确定的关键阶段,致力于大学生的思想政治教育工作。这包括对社会主义核心价值观、理想信念、劳动和中国传统文化等方面的教育。我们的目标是引导所有大学生,包括那些家庭经济困难的学生,扣好人生的第一粒扣子,树立远大的理想,热爱伟大的祖国,承担时代的责任,勇于锻炼和奋斗,提高自己的技能和品德修为,最终成为肩负中华民族伟大复兴大任的时代新人。

学生资助育人工作不仅是人才培养和大学生思想政治教育的关键环节,也是学校教育、管理和服务工作的重要组成部分。它涉及大学生的全面成长和成功,影响学校的运行效果,更是实现"立德树人"这一基本任务的关键,同时也关乎教育事业的可持续发展。为了实现"立德树人"的核心使命,我们需要推动素质教育的发展,促进教育的公平性,并致力于培养在德、智、体、美、劳各方面均衡发展的社会主义接班人和建设者,而高品质的资助和育人工作是不可或缺的。学生资助育人的核心目标是实现"立德树人"的基本使命,构建一个物质支持、道德熏陶、能力发展、精神激励和规范管理相结合的长效资助育人机制。该机制旨在形成一个"解困、育人、成才、回馈"的正向循环,提升经济困难家庭学生的思想道德水平,培育他们的创新和创业精神及能力,加强实践操作能力,塑造强健的体魄,提升文化修养,增强生态文明素养,提升综合国防素质,从而促进他们的全面成长和成才。

二、完善发展型资助工作体系

自从国家开始实施资助政策后,各个学院和大学都在积极地实施和执行,形成了一个以"奖、贷、助、勤、补、免"为核心的资助体系,为经济困难的学生提供了基本的学习支持。

一方面,保障性资助的工作机制已经取得了明显成果。我们成功地实施了保障型资助体系,每年都有新的措施,资助的总量也逐年增加。这使得家庭经济困难的学生获得的资助机会和水平都得到了显著提高,极大地满足了这些学生不断增长和变化的资助需求。另一方面,对于发展型资助工作体系的探讨还显得不够充分。在资助育人的工作中,存在着明显的不均衡和不足之处,这主要体现在两个方面:①偏向于保障型的资助,其次是偏向发展型的资助。大部分高等教育机构已经实现了对"扶困"等经济资助的全面覆盖,每个家庭经济困难的学生至少能获得一个专门的援助项目。然而,在"扶智"和"扶志"等发展性资助方面,供应仍然不足。道德教育、能力提升和精神激励等方面的资助项目还需要进一步深化和拓展,导致发展性资助呈现出覆盖范围小、分布不均、非系统化和断续性等问题。②重视权益的享受,而不是义务的承担。目前的学生资助制度过于强调家庭经济困难学生的资助申请权和及时获得资助金的权利,但在诚信承诺、定期报告、社会服务等方面的资助义务规定显得不够充分,同时资助项目也忽略了对家庭经济困难学生的资助义务要求。在教育资助的过程中,社会责任教育和感恩教育的实施并不充分,导致过程育人的效果并不理想。③重视主体探索,而较少关注客体的刺激。通过整合政府、社会等外部资助的育人主体资源,我们构建了一个内外结合、上下联动的"他助"扶助体系。但是,对于家庭经济困难学生的资助客体资源挖掘还不够充分,朋辈教育和辅导还未系统化构建。因此,家庭经济困难学生与普通大学生之间的"自助"扶助体系还需要加强。④实施了设计方案,而对评估和监控的关注相对较少。目前的学生资助教育体系主要集中在管理的计划和执行阶段,但缺少一个高效的评价机制。考虑到资助育人所需的大量投入、缓慢的产出和评估的困难性,目前的效果并不显著且难以量化。尽管现有的资助育人评估体系可以简洁地统计经济资助的规模和受益者数量,但在思想教育、道德培养、能力发展和精神激励等领域的资助上,仍然缺乏明确的量化标准和系统评估。大部分评估仅停留在定性的直观体验和经验总结上,而缺少具体的定量实证研究。由于家庭经济困难学生的资助需求发生变化,以及资助育人工作存在的问题,迫使学生资助育人工作进行转型升级,选择发展型资助的路径。将"扶困"与"扶智"、"扶困"与"扶志"紧密结合,构建了一个由国家资助、学校奖励、社会捐赠和学生自助组成的综合性发展资助体系。

学校为学生提供的资助教育核心目标是构建一个更加完善的发展型资助体系,使其更为稳定和成熟。发展型资助工作体系的成熟和定型主要体现在这些方面:先进的发展型资助育人观念,充裕的发展型资助资金资源,多维度的发展型资助育人体系,完备的发展型资助工作机制,以及科学合理的发展型资助工作评估体系。

第一,我们需要在新的时代背景下,培养学生的资助和教育观念。站在国家发展战略的高度,我们需要明确学生资助育人工作的重要地位和作用,并将其从高增长模式转变为高质量的资助育人模式。

第二,需要增加保障性资助的规模。为了确保家庭经济困难的学生得到高质量和全面的保障,我们需要加强资助资金的投入,并整合各种资助资源。

第三,我们需要建立一个以发展为导向的资助体系。对现有的资助体系进行扩容和质量提升,充分利用经济资助的传统功能,进一步丰富其发展性资助的内涵,并设计出一系列新的发展性资助模块,以提升扶贫、扶智和扶志三者之间的整合程度。为了优化学生资助的结构,我们将资助资源主要集中在有偿性和发展性的资助领域,并加强了"能力提升计划"和"社团建设"等发展性资助模块的建设,目标是逐步将学生资助育人的方式从保障型转变为发展型。

第四,完善以发展为导向的资助工作流程。为了促进学生的全方位成长,我们对学生发展型资助的管理制度进行了修订,并致力于培养具有国际化视角和前沿资助观念的学生资助人才。同时,我们还构建了一个发展型资助工作的信息平台,并加强了对受助学生的典型事迹和发展型资助工作探索的宣传力度,以挖掘和整合大量高质量的发展型资助资源。

第五,我们需要建立一个科学的、以发展为导向的资助体系。对资助的成效和教育成效进行评估,尤其是对家庭经济困难的学生在中长期内的成长和才能培养进行持续跟踪。

三、精准实施资助育人措施

在我国的扶贫工作中,教育扶贫被视为一项关键任务,它是解决贫困问题的根本策略。资助学生进行教育不仅构成了教育体系的一个关键环节,同时也是脱贫攻坚全面战略规划中的一项基础性任务。从一方面看,学生资助的教育服务主要针对的是来自经济困难的家庭。确定家庭经济状况困难的学生是学生资助和教育工作的基础环节,而家庭经济状况则是这一认定过程中的一个关键指标。从另一个角度看,资助教育工作在教育领域为扶贫攻坚任务的成功实施提供了支持。通过提供资金支持,贫困家庭的子女能够顺利地完成高等教育,获得"生产性学习和实践"的机会,掌握必要的科学和文化知识,积累"生产性技能",顺利地找到工作并实现职位晋升,稳定家庭的经济收入,实现社会的向上流动,从而从根本上切断贫困的代际传播,彻底改变贫困的命运。扶贫攻坚的策略指导和目标设定,为高等职业教育学生的资助和教育工作提供了明确方向。在当前的扶贫攻坚任务中,我们始终坚守精准的原则,强调扶贫的关键也在于精准,而成功或失败的关键也在于精准。显然,在新的时代背景下,为高职学生提供精准的资助已经成为资助教育工作中迫切需要解决的问题和目标。

在进行学生资助育人的工作时,我们应当坚定地秉持精准资助的核心理念。在确保通过粗放资助获得初步成果的基础上,我们需要重视资助育人工作的质量和稳定性。根据学生的家庭经济背景、个性特征和资助需求,我们应采用科学且高效的方法,对经济困难的学生进行准确识别、援助和管理。更明确地说,精准资助涵盖了以下五个主要领域。

(一)对象精准

我们需要制定科学的家庭经济困难学生的认定方法和动态管理机制,以准确识别资助对象和他们的困难等级,这样既不会遗漏一个,也不会多余一个,因为困难等级能够真实反映贫困家庭的经济状况。

(二)内容精准

我们需要定期进行家庭经济困难学生的资助需求研究,并根据资助模块如"奖、贷、助、勤、补、免"的特性和教育功能差异,进一步完善学生资助的工作机制。同时,我们还需要完善结合扶贫、扶智和扶志的发展型资助方式,并结合他人推荐和个人申请的方式来选择资助对象,为经济困难的学生提供个性化和差异化的资助服务,以满足他们在多个方面和层次的资助需求。

(三)资助金使用精准

在确定资助的标准和级别时,我们需要考虑资助的资金规模、经济困难的学生数量以及具体的项目目标。在"广泛资助"和"重点扶持"之间,我们应该灵活且合理地切换,以确保资助的目标更具针对性和实际效果更好。

(四)措施精准

在提供经济援助时,我们需要融入人文关心和心理支持,密切关注受助学生的表现,并为他们建立详细的资助和成长记录;为了更好地发挥社团在育人方面的作用,建议成立针对家庭经济困难学生的社团,并对来自不同资助项目的学生进行统一管理。这样可以实现资助资源的分散共享、有机整合和重新分配,从而提高资助资源的配置效率,并形成一个强大的资助育人合力;我们需要创建一个优质的国家、社会和学校资助环境,并加强受助学生与资助实体之间的互动与沟通;我们应该鼓励经济困难家庭的学生,为学生的资助和教育工作提供建议和方案,赋予他们参与、评估和完善资助政策的话语权、策划资助过程的参与权、跟进资助后续服务工作的机会权,为他们参与学校学生管理事务提供一个平台。

(五)成效精准

我们需要建立一个多维度的资助育人工作评估体系,并通过这一总体评价体系来总结学校资助育人工作的总体效果;利用育人主体的绩效评估体系,对资助育人的各个参与方在分工合作和政策实施方面进行评价;利用育人客体的跟踪反馈机制,对家庭经济困难的学生进行资助满意度、心理成长和成功发展的调查。

第四节　微观目标——助力学生成长成才

人的全面成长不仅涉及体力和智力的全面、自由和和谐发展,还涵盖道德层面的提升。从内容的角度来看,人的全方位发展意味着培养人的各种才能,同时,根据个人的素质结构,有主次之分,强调优点,避免缺点。从时间的角度来看,人的全方位发展不只是关注现在的进步,更注重未来的成长和持续性的发展。以服务为核心的学生资助和教育工作旨在增强家庭经济困难学生的核心竞争能力,培养他们成为杰出的人才,为其未来的成长打下坚实的基础,并确保他们的持续发展。

一、奠定发展基础

人类的生活和进步与对有限资源的采集、挖掘和应用是密不可分的。持有更多的关键且稀有的资源代表着获得更强的核心竞争优势,这也意味着更优质的发展将建立在稳固的基础之上。人们在生产和成长的过程中,其核心竞争能力持续增强,这种核心竞争力进一步促进了人们的自由与全方位成长。一个人在其一生中所拥有的核心竞争优势不仅仅局限于经济上的硬实力,还涵盖了个人素质、各种能力以及文化等多方面的软实力。经济的硬实力构成了最根本的物质核心竞争力,而素质、能力和文化等软实力则是非物质核心竞争力,它们是在经济实力的基础上实现自身价值的关键核心竞争力。尽管这几种核心竞争力在定义、作用机制和表现方式上有所不同,但它们之间是相互联系、相互影响的,并且在特定条件下会发生相互转化。投资于经济的硬实力、个人素质、能力和文化等软实力,会对核心竞争力的整体水平和质量结构产生影响,从而进一步影响人的全面发展。目前,政府为了确保家庭经济困难的学生能够公平接受教育,并实现"不让一个学生因家庭经济困难而失学"的目标,正在实施自上而下的学生资助政策,以弥补家庭教育投资的不足。学生资助作为政府干预下的一种教育补充投资,其微观目标主要包括:帮助家庭经济困难的学生缓解经济压力,提升他们的综合能力和素质,磨练他们的专业技能和道德修养,完善他们的人格特质,并进一步增强他们的核心竞争力。

(一)缓解经济困境

家庭经济状况不佳的学生最直观地面对的挑战是家庭的经济状况以及因资源受限导致的发展机会不足,这进一步妨碍了他们获得高等教育和做出一系列合理的教育投资决策。学校为他们提供的各种经济援助,如奖学金、助学金和特殊困难补助,实质上是一种收入的再分配方式。政府和社会的各个领域都在提供各种形式的资金援助,并采取特定的资助手段,以确保政府和社会能够为个人、高收入群体和低收入群体提供转移支付。这一措施有效地提升了经济困难学生家庭的收入水平,同时也为家庭教育提供了更多的资金来源,减轻了家庭的财务压力。因此,这不仅增强了经济困难学生家庭和个人的经济能力,还在一定程度上缓解了由于财富和资源匮乏导致的教育支出问题。当教育资金相对充裕时,贫困家庭便具备了支付学费、住宿费和生活费的经济能力,这使得经济困难的学生能够安心地继续他们的学业,实现人生的飞跃。

(二)提高能力素质

人力资本理论明确表示,人力资本是个体在体力、知识、技能和劳动熟练度方面的综合体现,与物质资本相似,人力资本的形成也可以通过投资来实现。投资于人力资本的方式涵盖了教育、在职培训、购买医疗保险、实际工作经验以及职业迁移等多个领域。根据劳动者的不同特点,他们选择的人力资本投资策略也各不相同。对那些已经步入劳动市场的劳动者来说,他们往往采用多种策略和方法来积累和提高自己的人力资本;对于那些还未步入劳动市场的大学生来说,他们的人力资本主要是通过家庭对教育的投资来实现的。教育投资在很大程度上受到家庭的经济能力、财富和天赋的影响,而来自不同经济背景的大学生在教育投资策略上表现出明显的不同。那些家庭经济条件较为优越的大学生,他们的学费往往完全由家庭来承担。他们在教育上的投资表现出持续、稳定且充裕的特点,这使得他们能够成功地完成学业和增强自己的核心竞争力,并在职业生涯中不断追求卓越。然而,对于那些家庭经济状况不佳的学生来说,家庭的经济状况会对他们的教育投资策略产生巨大的负面影响。由于他们经济能力有限,他们可能会选择放弃对人力资本的投资,放弃接受教育的机会,或者被迫提前结束学业。

高职学生资助育人工作的一个微观目标是:集结政府、学校和社会各方的力量,构建一个完善的学生资助工作体系,充分发挥学生资助的经济功能,提供人力资本投资所需的资金支持,使家庭经济困难的学生能够在短期内摆脱对学费、住宿费、生活费的担忧,全身心地投入知识和技能的学习和培训中;为了更好地利用学生资助的教育作用,我们鼓励经济困难家庭的学生积极参与社会实践和体验式学习。通过实施"干中学"的培养机制,我们可以将资助教育过程视为人力资本的积累过程,从而激发家庭经济困难大学生对人力资本的投资热情,加强对人力资本的投资力度,丰富投资方式,并确保人力资本投资的稳定性。最后,通过结合第一课堂的学习和第二课堂的实践,我们旨在提升家庭经济困难学生的综合能力和素质,培养他们坚实的技能,并进一步增强他们的核心竞争力。

(三)完善人格品质

文化是一种深植于个体、组织和社会中的制度性或非正规性的体系,包括但不限于法律体系、社会习俗、价值观以及行为习惯等。这种非物质性的软实力对个体的成长和发展起到了至关重要的作用,它为个体提供了维持竞争上风的坚实基石和丰富营养。对于经济困难的大学生来说,他们最核心的文化软实力涵盖了价值观、行为准则等人格特质，以及学历等制度性的文化软实力。

对于经济条件较差的学生来说，文凭成了"知识改变命运"的首要工具，而不同的学历背景、学校种类和学科专业的文凭，则代表了各自独特的文化软实力。那些学历更高、在学校中的排名更高、学科更受欢迎的"闪亮"文凭，它们所代表的文化软实力和质量都更为出色。高等职业教育学生的资助和教育工作，应当支持那些家庭经济状况不佳的大学生，帮助他们追求并最终获得更为出色的学历证书。通过提供经济援助，经济困难的学生不仅有机会接受高等教育，还能减轻对高等教育选择的限制；除了有机会接受大学本科教育外，还有机会进行研究生考试以进一步提升自己；不仅可以全方位地挑选适合自己学习的学校和专业，还可以根据自己的喜好选择最顶尖的学校和受欢迎的学科。最后，通过学历教育途径，高职学生资助育人旨在提升家庭经济困难学生的文化软实力和教育质量，从而进一步增强他们的核心竞争力。

家庭经济困难的学生，其一生的成长深受价值观和行为准则的深刻影响。在这一群体价值观和行为准则的形成过程中，存在三种不同类型的价值对立与冲突。首先，主流价值观有助于促进社会认同的价值观和行为习惯的养成。然而，消费主义、拜金主义、享乐主义与经济贫困之间的现实差距，使得家庭经济困难的学生对主流价值观产生了疑虑和误解。其次，家庭内部的传统观念与现代教育理念的冲突也较为显著。许多经济困难家庭秉持着传统的"读书无用论"或过度强调实用技能的观念，与现代教育所倡导的全面发展、培养创新思维的理念相悖。最后，长期的贫困状况会逐渐催生一种与社会主流文化脱节、社会融合断裂的特殊群体认同感和价值观。这种特殊文化与主流价值观相互冲突，更为严峻的是，这种特殊价值观可能通过代际传播，影响贫困家庭的后代，使贫困文化在家族中延续，进一步加剧贫困代际传递的困境。主流价值观与非主流价值观之间的冲突和对抗可能导致两种后果：一是理想情况下，非主流价值观会被主流价值观所接纳；二是非理想情况下，非主流价值观会持续地被边缘化。

高职学生资助育人工作的一个微观目标是：在家庭经济困难学生的价值观形成和确定的关键时期，发挥学生资助在唤醒良知、信念培育、价值引领、道德养成、责任担当方面的思想政治教育作用，减少多种价值冲突，实现价值融合，鼓励家庭经济困难学生践行社会主义核心价值观，树立正确的世界观、人生观和价值观，树立远大理想，热爱伟大祖国，承担时代责任，勇于砥砺奋斗。为了进一步增强家庭经济困难学生的个性和道德修养，我们应该通过思想政治教育的途径来完善他们，从而提高他们的核心竞争能力。

二、引领未来发展

对于社会中的每一个人来说，他们都展现出了强烈的上升动力。人们在未来的发展道路上追求更高的职位、更高的社会地位、更强的社会认同感和更幸福的生活方式。尽管社会一直在努力创造更多的向上流动的机会，但这些机会的分布非常不均匀，需要外部因素的推动，更需要个人克服自身的先天缺陷，配备向上流动的"武器"，积极抓住机会，发挥高等教育的优势，利用社会资源的力量，打开向上流动的通道，实现向上流动，促进当前和未来发展的和谐统一。

一方面，我们致力于获取高品质的教育资源，不断提升学历和职称的水平，为向上流动提供必要的知识、技术和修养，从而增强我们的核心竞争力，并进一步确立我们的上升流动优势。另一方面，我们应该扩大社会资源，并利用他人的力量来促进社会的上升。社会资源是个体所拥有的，并与社会组织和个人紧密相连的资源集合。这些资源构成了人的核心竞争优势，它们存在于人与人之间的关系和组织结构中，既可以为个体提供所需的便利，也可以为他们提供所需的资源，从而实现预定的发展目标。社会资源的有效积累方式是通过社交互动，包括与更多的人互动、加强与各种社会资源点的交流，以及与高质量的个体建立紧密的联系，从而提升自己的社会资源水平和结构。考虑到家庭经济困难学生在社会交往中的接触范围相对有限,他们所拥有的社会资源也不多。因此,我们需要充分利用政府、高校、社会和朋辈等多个资助实体的资源优势,让政府、高校、社会团体以及个人和朋辈等成为家庭经济困难学生社会资源的新增长点。通过这些新增的节点,可以产生几何倍数的新交往线,从而扩大和提高家庭经济困难学生的社会资源规模和质量。此外,家庭经济困难的学生在社会资源上的新焦点包括政府、高等教育机构、社会组织和个人。这些资源为家庭经济困难的学生提供了必要的生活和发展平台。利用这些资源和平台,可以影响和干预他们的发展速度和进程,并解决发展过程中的信息不对称问题。通过与政府部门和社会上的成功人士建立持久、紧密和稳定的社交关系,经济困难家庭的学生有机会优化自己的社会资源条件,拓宽社交网络,提升社交层次,并增加社交活动的灵活性。

高职学生资助育人工作的一个微观目标是为家庭经济困难的学生提供经济支持,以提升他们向上流动所需的知识、技能和素养,增强其核心竞争力,拓展社会资源,进入职场,获得体面的工作,成为有稳定经济来源的社会成员,投身于社会主义现代化建设事业,并从中受益。通过在职培训、职位提升、社交互动以及劳动力市场的合理流动,人们可以获得更高的职业水平和社会地位,从而实现更高的流动性。

三、实现可持续发展

随着我国在经济、科技、文化和教育方面的持续进步,中国特色社会主义步入了一个新的时代。在这一背景下,人们的基本需求如生理和安全需求逐渐减少,而高级需求如社交、尊重和自我实现的需求逐渐增多。因此,越来越多的经济困难家庭学生开始被高级需求所吸引。

从马斯洛的需求理论出发,我们可以了解到,经济困难家庭的学生在其生命的各个时期都存在五种主要需求:生理、安全、社交、尊重和自我实现。尽管不同层次的需求有所不同,但高层次和低层次的需求有可能并存、相互依存、相互叠加和转换。尽管高层次的需求得到了发展,但低层次的需求仍然存在;在满足高级需求的过程中,基础需求依然需要得到满足。

从需求的构成来看,家庭经济困难的学生在不同时间段有不同的主要需求。在他们的学习阶段,来自经济困难家庭的学生表现出对教育公平和社交活动的强烈需求;在社会工作的阶段,对于家庭经济困难的学生来说,更顺畅的就业机会、更丰富的社会资源、更稳定的收入水平、更高的社会地位等社交需求,以及对尊重和自我实现的需求,都成了他们的主要需求。观察需求的层次变化,我们可以发现,随着个人职业生涯的不断进步,那些家庭经济状况困难的学生需求水平也在持续上升。比如,从能够进入普通大学转变为渴望进入顶级大学;从接受扶贫援助转变为得到智力和意志的支持;从简单的就业转变为追求更高级别的工作机会;从让原生家庭摆脱贫困转变为中断贫困在不同代际之间的传播;除了对物质和文化生活有更高的需求外,人们还关心民主、法治、公平、正义、安全和环境等多个领域的需求。从需求和满足需求之间的互动关系来看,当家庭经济困难学生的基础需求得到基本满足后,他们便开始追求更高层次的需求,并进一步满足更高层次的需求。面对家庭经济困难学生多样化、个性化、高级化和动态化的需求趋势,学校被要求进行学生资助育人的供给侧改革,由保障型资助转向发展型资助,深化学生资助育人的工作,以实现家庭经济困难学生的可持续发展。

高职学生资助育人的一个微观目标是确保学生资助育人的供需平衡,以满足家庭经济困难学生的各种需求。我们致力于满足学生的学习需求,并为他们提供公正的教育机遇;为了满足人们的成长需求,我们致力于培养他们成为积极进取、勇于挑战,并肩负中华民族伟大复兴重任的新一代人才;我们致力于满足人们的就业需求,协助他们培养坚实的技能,并帮助他们获得生计的能力和方法;为了满足人们的终身成长需求,我们需要增强他们的社交技能,并提升他们在社会中的地位与影响;我们致力于满足人们对终身幸福生活的需求,并积极促进他们过上更加美好和幸福的生活。更具体地说,为了满足生理、安全和社交等基础需求,我们需要通过直接的经济援助、资金支持团队的建设和校园文化的推广等多种方式来实现；对于那些追求尊重和自我实现的高级需求，我们需要进一步深化学校资助育人工作的内涵，强调其育人功能，将外界的支持转化为家庭经济困难学生的内在驱动力，从而提升他们的核心竞争力。通过培养思维方式和方法论、价值观、创新精神和职业习惯，我们可以实现他们的情商和智商的协调发展；我们不仅关注家庭经济困难学生的学生资助与其短期表现之间的互动关系，还重视学生资助对其长期发展的影响。我们评估了学生资助育人的宏观效果和微观收益，并制定了相应策略，以实现家庭经济困难学生的可持续发展。

第三章　高职资助育人的实效性探索与研究

高等职业教育的资助教育体系旨在"培养人才",因此,提高资助教育效果的起点和终点都应聚焦"培养人才"。本章着重从高职资助育人的思想导向、创建高职资助育人的环境,以及完善高职资助育人的政策体系三个方面,对高职资助育人的实效性进行深入的探索和研究。

第一节　高职资助育人的思想引导

作为未来国家和社会建设的人才输出机构,大学肩负着为党和国家培养合格建设者和可靠接班人的重大责任。为了实现这一使命,我们必须高度重视资助和育人工作。在最近的几年中,我国对于各个学院和大学的资助活动给予了更大支持,资助的金额持续上涨,同时资助的主体和方式也逐渐走向多样化。但是,要真正改进我国的资助育人工作,最根本的方法是改变资助育人的观念和思维方式。

一、高职资助育人思想的引导原则

为了提升资助育人的实效性,应坚持以下几个原则。

（一）高职资助育人思想的务实性原则

务实性原则是指,在高等职业教育的资助过程中,必须遵循实事求是的原则,根据受资助的贫困学生的心理特性,有针对性地对受资助的大学生进行引导。

坚持实事求是的马克思主义思想是我国在社会建设和发展中始终遵循的核心原则。基于马克思主义的唯物辩证法核心思想,我们认为世界是由物质构成的,物质被视为世界的首要属性,世界上的一切事物都在持续的进化和变化中,这种进化和变化遵循某种固有的规律。事物的变动和进展不仅受到外部环境的作用,还与事物自身的发展模式紧密相连。然而,在所有事物的演变过程中,真正起到决定性作用的始终是事物内部的各种因素。因此,事物的发展模式呈现出一种内在和外在因素相互结合的辩证统一关系。人类拥有独特的主观能动性,他们拥有独立的思考方式、独立的意识和思维模式,这些特质使他们能够主观地反映客观世界的变化和发展。从马克思主义历史唯物主义的视角来看,社会的存在塑造了社会意识。人们通过社会实践来接触、感知、理解和改变客观世界,这种对客观世界的理解和改变并不是盲目的,而是具有一定的自觉性。因此,不论从事何种职业,都应基于客观的实际情况,理解事物的固有规律,并遵循因势利导的策略,始终坚守客观与主观相结合的实事求是原则。

坚持实事求是原则不仅在马克思主义的世界观和方法论中占有核心地位,同时也是我党积累的宝贵经验。在新中国建立之后,我党成功地将马克思主义的核心理念与中国的实际发展经验相融合,从而塑造出了一种与众不同的理论取向,那就是实事求是的态度。在实事求是的理论指导下,我国在面对国内外环境的变化时,根据实际情况制定了改革开放政策。为了适应时代的需求,我们坚持社会主义的四项基本原则,探索建立社会主义市场经济体制的新规律,坚持走具有中国特色的社会主义发展道路。这正是我们党的核心经验之一。

大学生在思想观念、价值取向以及心理状态等方面都正处于一个成长和塑造的阶段。在当前这个阶段,由于国内外环境的不断变化,大学生正面临着就业困难等一系列问题。因此,高等职业教育的资助和育人工作应该更加关注贫困学生的实际情况,坚持实事求是的原则,以提高资助工作的实际效果。此外,学校的资助教育工作主要针对的是具有独立思维的贫困大学生群体。由于这一群体在家庭经济困境、学习环境和心理特质上存在差异,因此他们对资助的需求也各不相同。例如,一些经济困难的学生来自中西部的经济落后或农村地区,他们的家庭贫困原因与当地的经济发展环境和当地居民的思想观念有着非常紧密的联系。对于这类经济困难的学生,他们所获得的援助不仅局限于学费,还涵盖了日常生活费用、心理支持以及学习指导等方面;一些家庭经济状况不佳的学生,其家庭贫困的主要原因可能是家庭投资的失败或经济破产。这些学生在家庭经济条件较好的情况下,曾经接受过高质量的基础教育,具有良好的学习基础,思维活跃和开放,因此所需的经济支持可能仅限于学费等。不同家庭的贫困原因对学生的心理造成的影响各不相同,因此,学生对资助的需求也存在差异。在进行学校的资助育人活动时,我们应该真实地从受资助学生的实际资助需求出发,真正提高资助育人的实际效果。

(二)高职资助育人思想的与时俱进原则

"与时俱进"的理念是基于马克思主义的发展观点而构建的,这一理念强调,一方面需要与时代进步的新需求保持一致。自从改革开放政策实施以后,中国社会在多个方面都经历了显著变革,特别是人们的思维方式受到了多元文化的深刻影响和冲击,导致社会的巨大转变,呈现出一种复杂而多变的状态。特别是在最近几年,由于互联网信息技术和通信技术的持续进步,社会上的知识传递方式和载体都经历了深刻变革。年轻的一代,特别是目前的95后大学生,作为在互联网信息背景下崭露头角的新一代,互联网已经变成了他们生活和交流的主要工具。由于互联网信息技术所带来的快速信息传播、大容量的信息、广泛的信息内容以及强烈的信息感染力,大学生的思维方式变得更为复杂和多样。这种思维的转变要求我国的资助教育理念必须与社会和时代的进步保持一致,并与时代的发展趋势相融合,进一步加强对受资助大学生思想的深入和广泛引导。

随着时代的进步,高职资助育人的理念也在适应我国当前的思想政治教育改革中得到了体现。目前,我国正在经历社会的转型,面对新的历史背景,我们正遭遇前所未有的国内和国际挑战与机会。这意味着我国的思想政治教育不能仅仅固守传统和保守,而应该不断地与时代同步、进行改革和创新。只有这样,我们才能适应大学生思维的转变,适应时代的进步和变革,以及应对不断变化的新挑战。在我国的各个高等教育机构中,对学生进行思想政治教育是不可或缺的一部分。学校的思想政治教育是开放的,只有主动适应不断变化的新情况,才能适应当前时代和信息化社会的新变化,不断加强高职资助育人工作中的思想引导和道德教育的吸引力和感召力。

自 21 世纪初,我国的高等教育经历了从精英化到大众化的转变,并逐步向普及化的方向迈进。随着我国高等教育的持续进步,学生的组成变得日益复杂,特别是那些来自贫困家庭的学生,他们获得了更好的高等教育机会。相较于非贫困学生,贫困学生展现出更高的心理敏锐度和自卑的性格特质,这导致他们的发展呈现出明显的不均衡性。经济困难的学生更容易受到教育和培养,他们具有很强的可塑性。这些受资助的贫困大学生在思想和心理上还不够成熟,他们的人生观、世界观和价值观表现出很强的摇摆性,通常表现出不愿意吃苦、追求享乐的普遍问题。另外,随着社会和学校环境的演变,受资助的贫困学生思维模式也呈现出新的特点。因此,对于受到资助的贫困学生,其思想导向必须始终遵循与时代同步的准则。

(三)高职资助育人思想的创新原则

为了提高资助育人的实际效果,创新显得尤为关键。要实现资助育人的最佳效果,首先需要对资助育人的思维方式进行创新。在最近几年中,随着我国高等教育制度改革的进一步推进,我国的高等教育机构中贫困学生的问题变得越来越明显。在我国目前的资助教育体系中,实际效果并不理想,为了应对这一挑战,国内众多学者展开了各种形式的研究和探讨。在我国目前的资助教育体系中,思想创新主要集中在三个核心领域。

其一,向以人为本的资助育人思想转变。

高等职业教育资助育人观念的革新首先体现在从传统的资助育人观念向人本主义的资助育人观念转变上。我国的传统资助育人观念主要是为了解决贫困学生的经济问题,因此,在帮助贫困学生的同时,对教育的关注相对较少。这主要体现在虽然重视了贫困大学生的资助情况,但却忽略了他们各自的独特性质。贫困大学生这一群体,既展现了普遍的特质,同时也有其独特的个性。这种情况的普遍特征是,贫困大学生普遍面临着较大的经济和心理压力。个性特质涵盖了多个方面,包括贫困大学生家庭贫困的成因、家庭所处的地理位置、家庭的收入构成和收入模式,以及家庭成员和贫困学生在个人能力和综合素质方面的表现,还有贫困学生心理状态的变化等。目前,在我国的各个学院和大学的资助活动中,教育焦点主要集中在贫困大学生的普遍特性上,却往往忽略了他们独特的个性需求。贫困大学生之间的个性差异直接影响他们的资助需求,以及资助的准确性和实际效果。因此,在高等职业教育的资助和育人工作中,应该转向以人为中心的资助和育人理念。

其二,将资助育人思想与大学生的发展相结合。

在我国的资助育人理念中,不仅涵盖了为经济困难的学生提供基本经济支持,也就是为我国经济困难的大学生提供学费、住宿费和生活费的资助,以确保他们能够顺利完成学业。同时,作为一个为社会和未来发展培训人才的关键场所,我们不仅要在学术上全方位地提高学生的科学和文化知识以及他们的综合素质,而且为了满足社会的需求,我们还需要全方位地培养学生的各种素质和技能,以实现提升学生整体能力的目标。因此,高等职业教育在资助人才培养方面,也必须高度重视大学生全面素质的提升。在我国,高职资助育人被视为一种关键的资助手段,旨在激发贫困学生在专业和创新领域的持续进步,同时也培育他们的专业素养和创新思维。但是,长时间以来,这个奖学金的真正目的并没有被大众所完全理解。因此,在资金支持的方式上,我们应该更加重视奖学金,以确保奖学金能够充分发挥其预期的资助效果。除了上述内容,对于贫困学生的资助在育人工作中也应考虑到大学生的实际需求和生活状况,只有这样,我们才能在提高资助效果的同时,全方位地促进大学生的能力成长。

其三,将高职资助育人工作的社会功能与个体功能相统一。

在马克思主义关于人的全面发展理论中,明确指出社会的进步是受到生产力和生产关系限制的,而社会思想政治教育中的个体功能也受到社会功能的约束。在高职资助的育人过程中,其主要功能是引导高职贫困大学生的思想和道德观念。高等职业教育的资助和育人工作在社会上扮演着至关重要的角色,它通过资助贫困的高职大学生,不仅促进了我国高等教育的进步,还持续地促进了我国高质量人才的培养,从而全方位地提高了我国公民的综合素质。此外,高等职业教育的资助教育也能进一步助力我国的扶贫事业,从提升贫困学生的整体技能和品质的视角出发,预防贫困第二代的出现,进行推动我国社会整体的和谐发展。人的全面素质的提高,构成了人的全面发展理论的核心部分。从学生的个体功能出发,开展育人活动可以有效地提高贫困学生的科学和文化知识水平。因此,在高等职业教育的资助和培养过程中,我们不能仅仅关注社会功能,还需确保社会功能与个人功能的融合,这样才能实现更出色的教育成果。

二、高职资助育人思想转变的重要表现

在遵循高职资助育人思想引导原则的基础上,资助育人工作中的思想转变主要表现在以下三个方面。

(一)将资助理念和育人理念相结合

高等职业教育的资助育人工作结合了资助与育人的双重功能,并始终以培养人才为其核心目标和所有活动的起点与终点。尽管高职资助育人体系已经建立了多种资助方式,但多年以来,资助工作主要还是集中在对高职贫困学生的经济支持上,而真正的育人功能尚未得到充分实现。这主要在以下四个领域有所体现。

其一,重资助、轻自助。

在我国的传统资助观念里,减轻学生家庭经济压力被高度重视,并推出了多样化的资助途径。其中,大多数资助方式是无偿的,实施无偿资助无疑能在短期内迅速缓解贫困学生的经济负担。尽管学校提供了无偿的

资助,但对于有偿资助的重视程度似乎并未得到加强。学校里的勤工助学职位主要集中在图书馆的图书整理和卫生清扫等方面,而校外的勤工助学职位则主要包括家教、促销员、超市收银员和理货员等。这些岗位的工作不仅可以帮助部分贫困学生缓解经济压力,还可以锻炼和提高学生的综合素质。但是,由于职位数量有限且种类单调,很难满足经济困难学生的资金需求。这导致众多经济困难的学生形成向国家和学校求助、等待国家或主动提供资助的心态。这样的心态对于培育贫困学生的独立和自强能力不利。

其二,重平等,轻公平。

在我国,众多学校在分配资助资源的过程中,为了降低潜在的冲突和矛盾,往往会选择一种完全平等的方法。首先,政府会根据学校的在校学生数量来确定资助的受益者,然后学校会将这些受益者均匀地分配到各个学院,而学院则会进一步将这些受益者均匀地分配到各个系和班级中。尽管这种分配资助名额的方式在表面上看起来公平,但在实际操作中却显得不太公正。因此,在不同的学校中,贫困学生的总人数可能会有所不同,而在不同的班级和系中,贫困学生的数量也可能存在差异。这种公平地分配资助名额的方式,可能会导致某些班级的贫困学生数量超出分配的名额,从而使一些贫困学生无法获得资助;在那些贫困学生的实际数量低于预定名额的班级或院系里,有可能会出现一些普通学生假冒贫困学生来获取贫困资助的情况。另外,这种倾向于"强调平等而忽视公平"的资助方式,不仅不利于对学生进行德育教育,还严重削弱了资助活动在育人方面的有效性。

其三,重结果,轻过程。

在我国的资助育人工作中,长期存在的问题是过分关注贫困学生获得学校资助的数量、资助的金额以及资助的形式等方面,而忽视了资助过程的重要性,导致资助过程在育人效果上存在不足。这导致尽管学校为经济困难的学生提供了大量的资助,但学生对此并不满足,学校的资助并未达到预期的效果。部分接受资助的经济困难学生认为学校的资助是理所应当的,而另一部分既没有申请资助,也没有得到资助的普通学生对资助的结果感到不满,这也导致资助未能达到预期的效果。

其四,重救助,轻关怀。

大学就读的贫困学生正处于一个非常敏感的年龄段。由于家庭的经济状况,他们与一般学生相比,在衣、食、住、行等各个方面都有很大的差异。这不仅给他们带来了沉重的经济负担,同时也给他们带来了巨大的心理压力。然而,在传统的教育资助工作中,大多数情况下更多地关注对学生的经济支持,而相对忽视了对学生心理状况的关心,缺乏充分的人文关怀。这种情况进一步导致接受资助的贫困学生在精神层面上产生了深重的自卑感,他们甚至因为不想让同学们知道他们的资助身份而选择不去申请资助,从而形成了一种隐性的贫困状态。这些因素都不利于贫困学生培养出健康和积极的心态。

因此,在资助育人思想的转变过程中,一个核心任务是将资助助人的观念转化为资助育人的观念,并确保资助和育人两个方面能够有效地融合在一起。更具体地说,我们需要加强对学生在资助过程中的自我帮助,激励经济困难的学生通过他们的努力来改善家庭的经济条件。同时,将平等的资助方式转变为公正的资助,并在注重资助成果的基础上,更加重视资助的整个过程。这样,学生在接受资助时,可以深切地感受到国家、社会和学校的关心和支持,从而培养他们的志向和对社会的回馈意识。除了为贫困学生提供经济援助外,我们还应该增强对这些学生的人文关心,为那些心理有偏差的贫困学生提供指导。同时,我们需要及时识别学生中可能存在的隐性贫困问题,并加大对高职资助学生的心理支持和关心,从而有效地减轻他们的心理压力。

(二)将扶贫理念与"扶志"理念相结合

党的十九大明确提出"注重扶贫同'扶志''扶智'相结合"。依据美国人类学家奥斯卡·刘易斯关于贫困文化的理论,贫困人群在其所居住的社会环境中形成了一种特殊的生活模式,这不仅促进了他们之间的互动,还导致贫困人群与其他群体在社会生活中存在相对的隔离现象。贫困人群陷入贫困的原因不仅仅是因为他们的能力问题,还与他们所处的贫困文化背景密切相关。这一独有的贫穷文化模式限制了贫困群体的思考和行为自由。按照刘易斯的观点,要想让贫困群体摆脱贫困,他们必须突破思维的束缚,跳出他们的传统思维模式,这样才能更有效地应对贫困挑战。刘易斯关于贫困文化的理论一经提出,立即在学术领域激起了广泛的关注和讨论。尽管有些学者对此理论提出了批评,认为刘易斯过度放大了贫困群体与其他群体之间的文化差异,但这一观点也得到了部分学者的赞同。贫困文化的理论从贫困群体的思考模式出发,深入探讨了导致贫困人群陷入贫困的各种原因。将扶贫的理念与"扶志"的思想相结合,实际上是基于刘易斯的贫困文化观点。

在我国的传统教育资助方式中,对经济困难学生的援助主要集中在物质上,这帮助他们克服了学业和日常生活中的经济问题,如学费、生活开销和其他日常开销的不足。对于这些学生而言,经济上的困境仅仅是他们所遭遇的众多问题中的一个,除此之外,贫困学生在思维、心理、精神和技能上都面临着巨大的挑战。如果我们仅仅关注贫困学生的物质和经济问题,而忽视他们在思想、心理和能力上的挑战,那么我们就无法真正帮助他们解决这些问题,从而为他们的未来发展带来潜在的风险。

在新时代的高职资助育人体系中,扶贫与"扶志"的结合被强调,这进一步明确了高职资助育人体系的"育人"目标。从这个目标出发,将扶贫与"扶志"结合起来具有两个主要的功能。一方面,我们需要加大对教育工作的关注和重视。高等职业教育的资助体系旨在为贫困大学生提供经济援助和心理支持,助力他们顺利完成学业,促进他们在素质和能力上的全方位成长,并培养他们的爱国和爱校情怀。从另一个角度看,我们致力于培养学生的才华。该项目旨在为国家和社会的未来发展培养合格的人才,而这些人才的培养质量不仅体现在学生的专业素质和能力提升上,还体现在学生的综合能力和良好的道德素质上。在教育资助活动中,将扶贫和"扶志"策略相结合,不仅有助于提升学生的全面素质和能力,还能有效地促进学生的全面发展。

(三)加强高职受资助学生的责任意识

在我国的传统道德观念中,责任始终是一个核心部分,历史上,我国的统治者和教育者都对此给予了高度的关注。在古代的传统文化里,"修身、齐家、治国、平天下"的理念深刻地反映了对责任的强烈认识。大学生,作为未来社会和国家建设的重要力量,肩负着振兴国家和推动社会建设与发展的重大责任。因此,培养大学生的责任意识不是短时间内可以完成的,而是一个长期且重要的基本任务。在我国高等职业教育的资助和培养过程中,也应该特别强调对学生责任感的培育。

对于那些家庭经济状况不佳的学生,特别是那些生活在我国中西部经济欠发达或农村经济不太发达地区的学生,他们的家庭经济状况往往较为单一和偏低。但是,尽管他们的家庭经济状况并不宽裕,许多家长仍然愿为培养经济困难的大学生投入大量资金,有些家长甚至愿意用整个家庭的力量来帮助他们。因此,对于那些家庭经济状况不佳的大学生而言,他们肩负着引导家庭摆脱贫困的重大职责。在传统的学校资助育人模式中,由于过分强调对学生的物质支持,而忽视了对学生精神和未来职业发展的资助,这导致原先的双向资助育人模式转变为单向的救济机制。这样的资助育人方法对于资助育人体系的进一步完善不利。

目前,在我国的学校资助教育工作中,有许多受资助的大学生表现出缺乏责任感,如贫困生的资格被伪造等情况。因此,我们应该更加重视培养学生的责任感。具体操作可以从以下几个方面着手。从一方面来看,我们需要增强对贫困学生资助的积极性和主动性。我们的目标是激发资助学生的学习热情,鼓励贫困学生更加主动地关心学校的资助策略,深入了解资助育人的实际工作,并将其整合到资助育人的实践中,确保资助育人活动能够产生积极的双向影响。从另一个角度来看,我们需要增强贫困学生在资助活动中的参与度,比如,在资助评选过程中融入群众评审机制,这样可以让学生更好地参与和监督资助工作。通过学生的积极参与和监督,我们可以从外部环境中加强对贫困学生资助的责任感。除了上述措施,我们还可以鼓励贫困学生积极参与学校内外的资助活动,从而增强他们对资助贫困学生责任的认识。

第二节　高职资助育人的环境创建

资助育人工作是在特定的校园中展开的,而资助育人工作的效果也受到学校环境的影响,新时代提升高职学校资助育人效果离不开对资助育人环境的创建。

一、高职资助育人环境中校园环境的创建

大学生目前正经历心理成长的阶段,他们的人生观和价值观还未完全形成,同时,他们的心理状态非常敏感,容易受到周围环境因素的影响。因此,为高职资助育人工作打造一个积极、健康且有益的校园环境显得尤为关键和有益。在高等职业教育的资助教育环境中,校园环境的建设主要涉及以下几个关键领域。

(一)通过政策宣传构建良好的资助育人校园环境

高等职业教育中的资助育人工作与经济困难的大学生有着紧密的联系。但遗憾的是,长时间以来,我国的大学生对于资助育人工作的认识并不深入,许多学生对资助育人体系中的具体育人方法和政策了解甚少,更不用提详细的资助育人政策了。特别是当新生即将入学的时候,很多新生对于资助育人的政策几乎一无所知。然而,高校新生入学的这一阶段,正是对家庭经济困难的学生进行建档和资助的最好时机,也是培养大学新生正确资助观念的最佳时机。因此,在资助教育的过程中,我们应该在这段时间里,在学校内部对大学的资助政策进行深入且广泛的推广,以创造一个积极且有益的校园氛围。更具体地说,我们可以采用以下几种策略来实施。

其一,学校辅导员充当资助育人政策宣传大使。

辅导员不仅是资助教育活动的直接执行者,还是与学生互动最频繁、关系最紧密,并对学生的学业、日常生活和家庭状况有最深入了解的职

员。因此,在新生刚入学时,辅导员应当有针对性地解读我国高等教育机构的资助育人政策,并对学生提出的疑问给予详细解答。通过这种方式,可以在大学新生中普及资助育人政策,使经济困难的学生能够清楚地了解学校各种资助方式的申请条件和申请程序,从而实现"不让任何一名学生因家庭经济困难而失学"的目标。另外,在辅导员解释资助政策的过程中,还需要特别强调资格认证的严格性和严肃性。一旦发现学生使用伪造的材料进行贫困学生资格申报,将会受到严厉的处罚,这将对持有不良思想的学生产生威慑作用。除了上述内容,辅导员在解释高校资助育人政策时,还需要特别强调资助政策的监督特性,确保资助的公正性,并确保所有学生在资助过程中都有监督和举报的权利。面对贫困大学生普遍存在的自卑心态,辅导员需要紧紧抓住学生的这一心理特征,运用贫困理论来强调家庭经济困境的客观存在,从而消除贫困学生的自卑情绪,使他们能够根据实际情况和需求来申请资助。学校资助管理中心除了提供辅导员服务外,还可以通过组织新生资助政策的解读活动,来加强新生及其家长对学校资助政策、各种奖学金和助学金的评价流程,以及学校过去资助教育活动的了解,从而更好地解读资助政策,并为学生创造一个优质的资助教育环境。

其二,通过受资助者组建的资助育人政策宣讲团对资助育人政策进行宣传。

尽管辅导员的说明会在形式上呈现出高度集中性和针对性,但其表达方式却显得相对固定和刻板。除了这些,学校还有机会通过挑选那些曾经获得过国家奖学金、国家励志奖学金、国家助学金或国家助学贷款资助的学生,来组建一个专门用于推广资助育人政策的宣讲团。宣讲团的成员有机会在假期返回家乡后,结合他们的个人经验,对资助政策进行详细的解释和讲解。这样做不仅能帮助已经考入大学的贫困学生更好地了解各种资助政策的具体流程,还能方便这些新生提前申请助学贷款,从而避免对贫困学生的入学造成不必要的延误。从另一个角度看,新学期开始后,宣讲团的成员有权在学校内举办不设次数和年级限制的,专门针对新生资助政策的宣传讲座。相较于辅导员,资助育人政策宣讲团的成员大部分都有真实的国家资助经历。在解释资助申请流程时,他们通常更为明确,并对申请过程中可能出现的突发事件进行详细说明,这有助于大幅度减少贫困新生在申请国家资助时可能遇到的误区。此外,由高年级受资助的贫困学生组成的宣讲团,在宣讲资助政策的同时,也通过积极参与资助活动,实现了爱心的传递,这有助于激发和提高宣讲团成员的积极性。此外,由高年级贫困学生组成的资助政策宣讲小组成立,有助于加强资助的氛围,并为校园创造一个积极且健康的环境。

其三,将新生招录工作与资助育人政策宣传相联系,在实践中宣传资助育人政策。

新生招录是一个有效的方式来了解新生家庭的经济状况。在我国,许多学校在为大学新生发送录取通知书的同时,也会将他们的资助政策发送给新生,这样,经济困难的新生可以通过了解资助政策来及时申请助学贷款,从而减轻他们的经济压力。除了上述内容,与录取通知书一同寄出的还包括申请贫困生资格所需的家庭经济状况调查问卷。另外,对于经济状况不佳的新生,从入学到开学,都设有专门的资助教育政策热线。新入学的经济困难学生可以通过特定的热线了解相关的资助政策。这些专线不仅为经济困难的学生提供服务,还与他们及其家长进行深入交流和问题解答,从而间接地为资助政策进行了积极的推广。与其他的宣传策略相比,这种资助政策的推广时间是在新生入学前。它旨在帮助经济困难的学生解决他们面临的紧迫问题,确保贫困学生和他们的家庭能够深切地感受到国家、社会和高等教育机构的关心,并培育他们的感恩之心。

其四,通过家校联系,在互动中宣传学校资助育人政策。

学校致力于为贫困学生树立学习的典范,并通过喜报的方式,将那些在学业和品德上都表现出色并获得各级各类奖学金的学生情况反馈给他们的家庭。通过这样的方式,一方面可以让贫困学生的家长更好地了解贫困学生在学校的学习情况,同时也可以加深对高校资助政策的宣传。

通过集体表扬和向贫困学生的家长发送喜报的方式,可以在校园和贫困学生的家乡进一步推广高校的资助政策。从另一个角度看,对那些在高等教育机构中表现出色但经济困难的学生给予表彰,有助于培育学生及其家长对国家和学校的深厚情感,并增强他们的感激之情。我们应该让经济困难的学生明白,通过他们的持续努力,他们可以达到更高的生活目标,并培养他们通过学习和努力改善家庭经济状况的决心和自信,同时也要加强他们的责任感。此外,通过这种集体而庄重的表彰方式,能够有效地减轻和消除贫困学生的自卑情绪,有助于他们不断建立自信,形成积极健康的世界观、人生观和价值观,从而对创建良好的校园资助环境产生积极的影响。

(二)加强学生诚信和感恩意识,构建良好的资助育人校园环境

在我国的传统道德观念中,诚信和感恩是两个核心要素,同时也是我国高等职业教育中思想政治和马克思主义教育的关键部分。在学校环境中,开展诚信和感恩活动,对于培育学生的诚信和感恩观念起到了正面的作用,这在创建资助教育的环境中是非常关键的。

大学生被视为未来社会和国家建设的中坚力量,他们是社会中最具活力和生命力的群体,他们的道德品质将直接影响未来国家和社会的道德标准。在大学生群体中实施诚信和感恩教育不仅有助于提高他们的全面素质,同时也有助于在学校环境中营造一种充满诚信和感恩的氛围。在资助和培养人才的过程中,诚信的品质发挥着极为关键的作用。近几年,在资助教育工作中,贫困学生的失信行为频繁出现,这严重削弱了资助活动的有效性。我国的诚信机制建设和提升将有助于进一步强化诚信教育的持久机制。通过这一机制,资助工作者能够秉持诚信为人的原则,利用自己的诚信品质,进一步创造一个诚信的工作环境,杜绝任何形式的欺诈行为,确保资助工作得以有效实施。同时,这也确保了对经济困难学生的资助能够公平、公开和公正地进行。除了资助活动本身,资助工作者还可以利用校园内的诚信教育活动,比如定期举办"诚信教育活动月"主

题活动,通过不同主题的诚信活动,让学生在诚信活动中充分体验诚信品质的美好。除了上述活动,我们还可以通过多种诚信活动如"录制视频短片,展示诚信形象""组织主题班会,分享诚信经验""举办创意画展,欣赏诚信作品""参与征信课程,学习诚信知识""撰写诚信文章,表达对诚信的承诺"和"寻找诚信的典范,分享身边的故事"等方式,持续地促进学生诚信品质的培养。通过为学生创造一个积极的校园诚信环境,我们可以在不知不觉中对他们产生积极的影响。除了上述措施,学校还可以通过为学生创建完善的诚信档案来记录他们,特别是那些受到资助的贫困学生的日常行为、学业和经济状况。这样做的目的是不断增强学生的诚信意识,并最终减少资助过程中的失信行为,从而提高资助的实际效果。

在学校里组织的感恩活动,也能为学生创造一个特殊的感恩环境,从而不断增强他们的感恩觉悟。例如,我们可以通过马克思主义的理论课程和思想政治教育课程来弘扬感恩意识。我们还可以在课堂中组织各种主题活动,以激发学生对父母和教师的感激之情。这样,学生可以更深入地理解父母的养育之恩和教师的指导之情,而不仅仅是无私的付出。通过这些活动,学生可以更加深入地反思自己的行为,理解父母的付出,并学会向父母表达他们的养育之恩和教师的教导之情。此外,在大学生最钟爱的新媒体平台上,通过发布感恩相关的话题和进行感恩教育,可以有效地吸引学生参与到讨论和互动中,从而在不知不觉中培养他们的感恩思维。此外,在提供资助的过程中,我们还可以将感恩教育的监督机制融入资助活动中,以持续促进贫困学生感恩意识的培育,使之成为一种日常习惯,并在贫困学生的资助活动中培养一颗感恩之心。

(三)在多样化实践活动中构建良好的资助育人校园环境

目前,随着社会经济的快速发展和变革,社会对人才的期望也日益提高。对于大学生,特别是那些受到资助的贫困学生,仅仅掌握书本上的专业知识是远远不够的。我们必须加强对学生的综合素质和能力的培养。更具体地说,除了掌握专业技能,大学生还可以通过学校提供的免费公共课程,来加强自己在外语、计算机、交际和口才等方面的能力培养和锻炼,从而不断提高学校的综合素质。从另一个角度看,那些得到资助的贫困大学生可以通过多种勤工助学方式,在日常工作和实践中不断地提高自己的全面能力,增强与他人的交往技巧,并培育他们的吃苦耐劳精神。这样,这些贫困学生在得到经济援助的同时,也能持续地提高自己的综合素质。

除了这些,资助的工作人员还可以有计划地对经济困难的学生提供援助,从而持续增强这些学生的整体技能。例如,在中西部经济较为落后的地区,一些经济困难的学生由于当地教育资源的不足,在计算机和外语方面的能力相对较弱。为了解决这一问题,辅导员或其他学科的教师可以为这些学生提供针对性的培训,从他们最基础的知识开始,因材施教,并结合线上和线下的教学方式。通过设立 QQ 群和微信群,并配备专业教师及时回答学生的问题,可以帮助他们顺利通过计算机等级考试,从而提高他们的计算机应用能力。在外语教育领域,学校教师可以免费为经济困难的学生提供周末辅导课程,这不仅加强了学生在四六级、雅思、托福等考试中的学习,还提高了他们的外语水平,同时也增加了他们成功通过考试的机会。除了上述措施,学校还可以通过报销那些在雅思、托福等考试中表现出色的学生的培训费,持续地鼓励经济困难的学生提高他们的外语技能,并为他们提供更多的学习机会。

除了上述几个方面,针对贫困学生整体素质低于其他学生的情况,资助工作人员可以实施专业点对点的援助行动,以帮助经济困难的学生。针对学校贫困学生的全面素质和能力,我们实施了一系列精准帮扶活动,包括"一对一""一对多"和"多对一"等多种形式。这些活动旨在全面提升贫困学生的专业素养和多方面的能力,通过具体的行动帮助他们逐步摆脱自卑的心态,建立自信,并持续提高他们的综合素质。这不仅为贫困学生在社会和职场上树立了信心,还有效地提高了资助育人工作的准确性和有效性。

二、高职资助育人环境中心理环境的创建

相较于其他学生,贫困学生承受着更大的心理负担。一些学者在研

究资助育人工作时指出,这些贫困学生不仅经济困难,还常常面临着非常严重的心理贫困问题。贫困大学生所面临的心理困境是影响资助教育效果的一个关键因素。

(一)贫困大学生心理贫困的原因及心理

社会背景、家庭的经济条件、个人的成长轨迹以及教育指导策略都对贫困大学生的心理特质产生了深远影响。自改革开放政策实施以来,中国已经采纳了社会主义市场经济体制。在这一阶段,中国正在经历改革开放的进一步深化,同时也是社会转型的关键时期,过去的社会模式已被淘汰,但新的社会模式尚未完全形成。在最近的几年中,伴随着互联网技术的飞速进步,社会信息的传递手段经历了巨大转变,西方社会中多种多样的价值观、人生观和世界观通过互联网的方式在我国传播开来。大学是一个非常开放的环境,大学生的思维非常活跃,面对各种各样的世界观和价值观,他们往往不能区分好与坏,容易受到不良价值观的影响,从而走上错误的道路。特别是经济困难的学生,他们在进入大学后通常会受到比其他学生更大的心理冲击。由于这些学生的心理还在成长阶段,他们的价值观尚未完全形成,因此,更容易受到其他负面观念的影响。这导致许多贫困学生在进入大学后容易受到金钱至上和拜金主义观念的冲击,从而产生对世界的误解,对他们的心理健康造成负面影响。

家庭的经济状况被认为是影响贫困大学生心理健康的关键因素之一。尽管贫困大学生家庭陷入贫困的原因多种多样,但他们普遍面临的问题是家庭经济的困境。考虑到贫困大学生的来源,我们可以将他们主要划分为两个类别。有一类家庭来自中西部的不太发达的农村地区,这些贫困家庭由于生活环境的制约,他们的家庭收入较为有限,家庭成员的经济能力也相对较弱,这导致他们的家庭收入偏低,从而形成了相对的贫困状况;还有一类家庭是城市中的边缘群体,这些家庭的经济状况普遍偏低,有些家庭甚至不能满足基本的生活需求。对于这些家庭而言,学生的学费简直是一个巨大的数字,给他们带来了沉重的经济压力。这两类经济困难的学生都面临着巨大的经济负担,如果这种情况持续下去,会在他们的心灵深处留下不可磨灭的影响。

个人的成长历程是影响贫困大学生心理状态的关键因素之一。尽管贫困大学生普遍面临较大的经济压力,但他们的个人成长轨迹各不相同,因此他们感受到的社会关心、人情冷暖和世态炎凉也各不相同。这导致贫困学生在心理上展现出两种截然不同的特质。某些经济困难的学生,在体验到社会的冷暖之后,可能会因为经济的压迫而产生自卑的情绪;某些经济困难的学生,因为感受到了社会的深厚关心,更容易被社会的热情所点燃,进而培养出对社会的感激之情;还存在一些贫困学生,在社会过度关注的情况下,容易产生依赖他人资助的心理。不同个体的成长轨迹会对贫困学生产生各异的心理效应,这种心理状态在贫困学生接受资助后的行为和表现方面具有显著的影响。

在贫困大学生的心理发展和转变过程中,教育引导机制扮演着极为关键的角色。我国的贫困大学生在进入大学的时候,已经具备了一定的价值观和判断是非的能力。但是,鉴于大学和中学所处的环境发生了显著变化,大学生在进入大学后迫切需要老师的关心与指点。在这段时间里,资助教育项目不仅为贫困学生提供经济援助,帮助他们解决经济困境,而且对他们的心理支持和指导也产生了显著的效果。因此,在新生即将入学的关键时刻,为贫困大学生提供资助的工作人员的教育和指导机制是至关重要的,它在帮助这些学生摆脱贫困心态方面发挥着不可忽视的关键作用。

(二)贫困生的心理特点及良好心理环境的构建

贫困学生的心理状况是非常复杂的。在我国的传统资助育人工作中,对贫困学生的心理分析通常只关注他们的整体情况。但在新时代的学校传统资助育人工作中,除了分析贫困学生的心理特点外,还需要关注他们的个体心理特点,这样才能正确理解贫困学生的心理,帮助他们摆脱"心理贫困",从而不断提高贫困学生的资助效果。经济困难的大学生在心理上主要展现出以下几个显著特征。

其一,自信与自卑共存。

我国的贫困学生在经济上所面临的压力,与他们的同龄伙伴相比,显得更为沉重。由于贫困学生来自不同的家庭背景和各自的成长历程,这导致了不同的贫困学生在面对自己的经济困境时,他们的心理反应也存在差异。尽管某些贫困学生的家庭经济条件并不宽裕,但他们的性格却是乐观的,能够勇敢地面对当前的贫困挑战,并在生活中展现出乐观和自信的态度。当国家和学校提供资金支持时,我们可以坦然接受,并在学校的勤工助学职位上展现出积极的态度。通过参与社会实践活动,我们可以不断地扩大自己的视野,并在整体上提高自己的能力和素质。尽管如此,仍有部分经济困难的学生因为害怕面对经济上的压迫,害怕受到同学和教师的轻视,他们不希望同学们知道自己是贫困学生,因此选择自我封闭,不愿意在社会中经历种种困难,逐渐成熟,这也导致了他们自卑的性格形成。

其二,奋发向上与自暴自弃共存。

当面临巨大的经济负担时,经济困难的学生呈现出两种截然不同的心态。部分经济困难的学生,在意识到家庭与社会之间存在的显著差距后,培养了一种积极向上的心态,并期望通过个人的努力来改善家庭的经济条件。这种类型的学生不仅有勇气直接面对各种难题,还能主动地采取行动,勇往直前。得益于学校的经济支持,这些学生通过不懈的努力,不仅成功地掌握了专业课程,还积极地参与了学校举办的各种公益活动,从而培养出了乐于助人、积极进取和勇往直前的优良性格。不同于这一类学生,另一类经济困难的学生在承受了巨大的经济压力之后,更倾向于不通过勤工助学活动来获得微薄的经济补助,而是急切地想要证明自己的价值。他们容易被社会上的负面宣传所误导,误入传销组织,一旦他们改变经济状况的愿望落空,就容易陷入自我放弃、自我否定和消沉的状态,无法自拔。另外,部分贫困学生在意识到家庭经济与社会经济之间存在的显著差距后,深感改变自己命运的困难,导致他们在学习和工作之间的平衡上出现问题,最终走向自我放弃。

其三,自立自强与失德现象共存。

在接受经济援助的过程中,贫困学生也展示了各自不同的道德特质。部分经济困难的学生在得到国家和学校的经济援助时,深深地体会到了身边人的善良,这进一步加强了他们的独立和自强精神。除了深入学习专业知识,通过参与勤工助学项目,我们也走上了独立生活的道路,确立了健康的金钱观念,并养成了定期储蓄和合理消费的好习惯。然而,还有一部分贫困学生在接受资助的过程中,缺乏进取心和自立精神,反而采取各种投机取巧的方式,通过夸大家庭经济状况来骗取更多的国家资助。当这些贫困学生获得资助后,受到周围同学的不良影响,他们开始挥霍这些资助资金。部分经济困难的学生在入学时成功申请了国家的助学贷款,但在毕业之后,他们仍然设法推迟还款,有时甚至拒绝还款,这导致了贫困大学生的失信行为。

针对各种不同类型贫困大学生的心理需求,我们应该从改善校园环境的角度出发,为这些学生营造一个健康和积极的心理氛围,以便他们能朝着更为健康和积极的方向发展。更具体地说,我们可以从以下三个维度来达成这个目标。

其一,通过主题活动,引导贫困学生构建良好的心理环境。

学校的资助育人活动始终以培养学生为核心目标。为了实现这一愿景,除了为贫困学生提供经济援助外,还需要为他们提供心理支持。因此,在资助教育的过程中,我们应该将其与心理咨询以及心理辅导紧密结合起来。心理咨询与心理辅导不仅是对学生思维方式进行有力指导的关键途径,也同样是对贫困学生进行心理指导的主要手段。通过提供心理咨询和心理辅导服务,我们可以深入了解贫困学生的各种心理特点,并协助他们摆脱负面心理状态,向更为积极和健康的心理状态迈进和发展。除了上述措施,为贫困学生提供心理辅导和指导也有助于更深入地了解他们真正的资助需求,从而提高资助的准确性和实际效果。

其二,通过资助队伍建设,引导贫困学生构建良好的心理环境。

学校资助育人队伍的建设是资助工作顺利进行的关键因素。处于心理敏感阶段的贫困学生,能够敏感地察觉到周围人的善意或恶意。如果他们在申请资助、确定贫困学生的资格,以及在日常的学习和生活中能够感受到学校资助团队的善意,那么他们更容易接受他们作为贫困学生的身份,并更容易产生对资助人员的感激之情。在这样一个友善的环境里,资助者更有可能对经济困难的学生进行心理支持,帮助他们培养出独立、坚韧和积极进取的心态。反之,如果贫困学生在接受资助的过程中感受到资助工作人员的不耐烦、轻视等情绪,这可能会导致贫困学生陷入自卑等不健康的心理状态。因此,通过资助团队的建设,我们可以为经济困难的学生创造一个健康的心理环境。

其三,通过强化激励措施引导贫困学生构建良好的心理环境。

学校为贫困学生提供的资金支持措施,可以帮助他们逐渐摆脱心理的困扰,并为他们创造一个健康的心理环境。在传统的资助育人方法中,人们往往过分强调经济援助,却忽略了对经济困难学生的心理支持,这导致尽管资助金额每年都在增加,但实际的资助效果却并未达到预期。在新时代的教育资助过程中,除了对贫困学生的物质支持外,还应给予他们精神上的支持。通过适度调整有偿和无偿资助的比重,我们可以不断加强学校资助育人的激励措施,同时鼓励贫困学生自立自强,引导他们培养积极健康的心理状态。除了上述方法,我们还可以通过建立模范和榜样来不断激励贫困学生,从而为他们的心理发展创造一个有益的环境。

第三节 高职资助育人的政策体系完善

在高职资助育人工作中,制度建设被视为提高工作效果的核心环节,而在资助工作的每一个步骤中,制度建设都起到了至关重要的作用。比如说,我们有贫困生的认定机制、贫困生的评选方法以及对贫困生资助的监管制度等。

一、贫困生认定政策的完善

目前,确定贫困学生的流程可以被划分为六个阶段。第一步,贫困学生需要亲自提交申请,并附上由县、乡、村三级行政单位盖章的证明文件。此外,贫困学生所在班级的辅导员、班主任或学生代表组织,将共同对这些贫困学生提交的证明材料进行鉴定和核实,以确保所提交材料的真实性。在第二步中,贫困学生所在班级的辅导员和贫困学生所在的院系学生组织成员,将对贫困学生的候选人资料进行随机选取,并对这些资料的真实性进行核实。在必要的情况下,还可以对被选中的候选人家庭经济状况进行实地考察,以进一步确认贫困学生提交材料的真实性。在第三个步骤中,经济困难的学生需要描述他们的家庭经济状况,并签署一份诚信承诺书。在第四步中,贫困学生所在的院系或班级的评议小组会根据贫困学生候选人的具体情况进行量化评分。其中涉及的变量包括贫困学生家庭成员的数量、贫困学生家庭的年收入、贫困学生所在的地区等。然后,通过量化评分对贫困学生的分数进行排名,并以此作为资助贫困学生的标准。在第五个步骤中,我们需要确定贫困学生的候选人以及他们的贫困级别,并对这些数据进行公开展示,以接受整个学院、系乃至全校学生的监督。在第六个步骤中,提供资金援助,并对经济困难的学生名额进行持续的调整和管理。

在明确了贫困学生资格认定的具体步骤之后,我们可以进一步完善针对家庭经济困难学生的资格认定政策,并从多个角度全面考察这些学生的家庭经济状况。在传统的贫困学生资格认定过程中,通常过分关注贫困学生家庭的收入状况,而忽视了其他可能的影响因素。然而,在新时代的资助育人工作中,贫困学生的认定政策可以从以下几个关键方面进行调整和实施。

其一,改进贫困学生的家庭经济困难评估方式。

在新的时代背景下,我们应该进一步优化对贫困学生家庭经济状况的评估方法。鉴于我国的经济增长表现出地域、农村和城市之间的发展差异,仅仅依赖家庭的经济收入并不能全面地揭示家庭的经济健康状况。在评估贫困学生家庭的经济困境时,我们不应仅仅关注家庭的收入,还需要对家庭的税务、家庭成员的职业背景、贫困学生家庭的居住条件、住房的大小以及家庭的居住地点等方面进行深入研究。在进行深入的调查研究时,我们还需要制定各种评估准则,以确保学生信息资料库的完整性。除了上述内容,对学生家庭经济的全面评估还需要综合考虑学生的基本资料、家庭经济状况的调查问卷、家庭所在地出具的贫困证明、资助记录、资助后的回访情况以及学生的信用记录等。这样做是为了创建一个学生家庭经济的动态评估表,确保对贫困学生的资助既公平又公正,并根据他们的实际需求来确定他们的资助需求,从而提高资助的准确性和有效性。

其二,进一步规范家庭经济困难学生的认定工作。

学校完善了对贫困学生资助的认定流程,并在资助过程中加强了问责制度;对资金和名额进行精确的分配,并明确哪些学生是主要的资助对象;利用大数据技术和一对一的访谈,我们进行了深入的贫困学生调查和研究,以确保受资助学生的尊严得到维护。这项政策在很大程度上促进了对贫困学生身份认定工作的标准化。

其三,加强对家庭经济困难情况虚构的处罚力度。

面对贫困学生在认定过程中使用不实信息的问题,我们需要进一步强化处罚手段。一旦发现有贫困学生进行欺诈行为,应立刻撤销其资助名额,并收回其资助金额,同时取消其奖学金和助学金的评选资格。此外,对于那些严重且对资助教育工作产生负面影响的学生造假行为,还可以采取物质惩罚和记过的处罚措施。这些严格的处罚措施旨在加强对贫困学生造假行为的威慑,并进一步提高资助教育政策的准确性和有效性。

其四,完善高职家庭收入状况和税收收入体系的联结。

在为贫困学生提供资助的体系中,我们需要在国家相关政策的支持下,进一步加强贫困学生家庭收入核实与我国税收体系的联系。我们需要消除社会税收体系与贫困学生资助体系之间的障碍,确保贫困学生的家庭经济状况能够及时反馈给相关部门。这样,相关部门可以在信息透明的前提下,进一步完成贫困学生的认定工作,并对资助信息进行动态管理和更新,从而不断提高资助工作的整体效率和准确性。

二、贫困学生监督政策的完善

在当前阶段,由于缺乏健全的监管体系,传统的资助育人方式存在缺陷。一方面,学校在资助贫困学生的过程中存在造假行为,这导致了资助育人工作的准确性受到质疑;从另一个角度看,由于缺少健全的监管策略和处罚手段,资助教育过程中对不诚实学生的处罚措施显得不足,这使得贫困学生出错的代价大大降低。

在最近的几年中,鉴于我国贫困学生目前面临的资助不够精确和学生行为失范的问题,我国的各个省区市教育部门都纷纷发布了通知,呼吁其辖区内的学校进一步加强对这些贫困学生的管理和监督。例如,可以通过实施事前、事中和事后的监管政策,来构建一个全面的高校资助育人监督机制。首先,在确定贫困生的资格之前,我们需要加强对其家庭经济状况的评估,并对经济困难的学生在申请贫困生资格的整个过程进行严格监督,以提高资格认定的准确性,为未来对贫困学生的资助工作打下坚实的基础。其次,在对贫困学生进行资助的过程中,也需要加强对资助工作的全面审查。这可以通过成立专门的监督小组和加强公众监督两种方式来实现,以确保资助过程的客观性、公开性、公正性和透明性,从而不断提高资助的准确性和有效性。如果在资助贫困学生的过程中发现存在不规范或不公正的行为,可以采取及时查处的措施,纠正资助贫困学生的资助结果,并及时处理资助过程中出现的失范现象。最后,要加大对资助育人活动中资助金使用状况的监控力度。针对资助过程中出现的一些贫困学生在获得资助后进行不合理消费、大量购买奢侈品或频繁出入高档饭店的情况,可以加强对资助者接受资助后的支出监督,对经济困难的学生的资助款项去向、消费情况等进行追踪管理。一旦发现不合理消费或与资助目的不符的情况,可以与受资助的贫困学生进行交谈,引导他们建立正确的消费观念;在情况特别严重的情况下,有可能对接受资助的学生实施罚款,回收他们的救助金,或者剥夺他们获得奖学金和助学金的资格,同时加强对这些学生如何正确使用资助金的管理,以不断提高资助教育工作的准确性和有效性。

三、贫困学生资助管理政策完善

我国高度重视对贫困的管理和治理,已经推出了一套系统化的管理制度,并构建了多样化的贫困管理策略。为了逐渐找到一条既符合中国实际又具有中国特色的贫困治理路径,我们需要构建一个多元主体参与的模式,提高贫困人口的内在动力,丰富贫困治理的途径,建立扶贫工作的机制,确立科学的考核指标,并完善监督和评估体系。我国的学校资助教育工作也遵循这一模式,通过持续优化贫困学生的资助管理政策,努力使资助教育工作更加精确和有效。

更具体地说,针对贫困学生的资助管理政策在其演变过程中有几个显著的特点。

其一,从贫困学生资助管理政策来看,我国资助育人政策从线性视角朝着多维视角转变。在传统的贫困学生资助育人工作中,对贫困学生的资助主要集中在满足他们的物质和经济需求上,却在某种程度上忽视了对他们精神层面的引导和管理。这导致了一部分贫困大学生在接受国家和学校资助的过程中产生了严重依赖心态,具体表现为不愿意通过自己的劳动来改善家庭的经济状况,而是选择对国家和学校的资助持"等、靠、要"的态度,这种心态对贫困大学生资助育人工作的实际效果产生了极大的不利影响。

其二,我国资助育人政策从注重物质帮助到向"扶志"与"扶智"转变。习近平总书记曾在多个场合多次强调"扶贫先'扶志',扶贫必'扶智'",而所谓"扶志"即扶思想、扶观念、扶信心,帮助贫困群众树立起摆脱困境的斗志和勇气;"扶智"就是扶知识、扶技术、扶思路,帮助和指导贫困群众着力提升脱贫致富的综合素质。[①] 通过对贫困学生的精神扶助,不断培养受资助贫困学生自立自强的精神,从外部帮扶激发学生的内生动力。

---

① 胡光辉.扶贫先"扶志" 扶贫必"扶智"[N].人民日报,2017-02-01.

其三,我国学校资助管理方式,从众生平等向精准化资助方式转变。为了缓解资助评选过程中可能出现的冲突,资助小组的教师遵循平等原则,忽略了贫困学生在贫困需求上的不同,而是将资助资金均等地分配给每一个贫困学生。这种"一刀切"式的资助分配方式不仅损害了真正的资助公平,而且在贫困学生中产生了极其负面的影响。很多贫困学生可以在不努力学习的情况下获得与其他努力学习、不断提升自身科学文化水平和综合素质的学生相同的资助。这一现象导致了一些不付出努力、只满足于现状的贫困学生产生了"等待、依赖、索求"的心态,这不仅妨碍了贫困学生自立自强的精神培养,同时也严重削弱了一些具有上进心的贫困学生的积极性。自党的十八大以后,我国确立了以精准扶贫和精准脱贫为基础的战略方针。与此同时,资助育人管理也开始摒弃过去那种"众生平等"的资助模式,转而从贫困学生的实际资助需求出发,对他们进行更为精准的资助。

根据全国学生资助管理中心发布的《2019 年中国学生资助发展报告》可以看出,近年来我国学生资助政策持续完善,学生资助工作水平不断提高。2019 年,财政部会同相关部门联合制定了《学生资助资金管理办法》,进一步规范和加强了学生资助资金的管理,提高了资金使用效益,确保资助工作顺利开展。制定《本专科生国家奖学金评审办法》《中等职业教育国家奖学金评审暂行办法》,进一步加强和规范了国家奖学金评审工作,确保本专科生和中等职业教育国家奖学金评审工作公平、公正、公开。研究制定部分国家学生奖助项目操作规程,形成全国统一的国家奖助政策执行规范。[①]

这里主要对贫困生资助管理中的勤工助学管理规范性进行重点强调和说明。为了更好地管理勤工助学制度,我们可以从几个关键领域开始。首先,勤工助学作为一种资助方式,在我国高等职业教育的资助体系中是少数几种需要付费的方式之一。目前,勤工助学的资金支持方式普遍面

---

① 全国学生资助管理中心.2019 年中国学生资助发展报告[N].2020-05-21.

临岗位不足的问题,其中大多数岗位是劳动型的,技能型岗位相对较少。除此之外,一些勤工助学的校外工作岗位还存在时间不稳定、薪酬不规范,以及用人单位在聘用员工时,与其他社会聘用人员相比存在同工不同酬、将贫困大学生视为廉价劳动力等一系列不良现象。在勤工助学的职位中,这样的情况对于资助教育的推进是不利的,并且很难赢得贫困学生的信赖。因此,在资助教育的管理过程中,我们应该加强对勤工助学职位的标准化,并进一步明确勤工助学的目标、时长、薪酬、基本原则和需要注意的事宜,以确保勤工助学的健康发展。其次,针对当前我国勤工助学职位与贫困学生需求之间存在的严重不成比例问题,有必要进一步强化勤工助学职位的管理机制。为经济困难的学生创造足够的勤工助学职位,并在这些岗位的分配过程中,采纳自主选择与公正竞争的策略,最大限度地激发贫困学生的积极性,并增强他们的竞争精神。更具体地说,我们可以利用互联网、微信、微博等平台及时发布勤工助学的职位,为经济困难的学生提供方便的岗位支持,使他们能够通过这些平台不断地锻炼自己,从而全方位地提高他们的综合能力。最后,我们需要创建一个贫困学生的勤工助学情况记录表,详细记录他们参与勤工助学的各种情况。通过深入了解和掌握学生的思想发展趋势,我们可以更好地了解贫困学生在学习、生活和思想方面的实际情况,并根据每个学生的具体心理状态提供个性化的指导,从而更好地管理这些受资助的学生。

四、贫困学生信息传递政策的完善

在当前阶段,我国已经构建了一套全面和多元化的资助体系,涵盖了奖学金、助学金、国家助学贷款、师范生公费教育、大学新生入学资助、研究生“三助”岗位津贴、勤工助学资助、特殊困难补助、伙食补贴、学费减免资助、校内无息借款资助以及“绿色通道”资助等多个方面。这些多元化的资助方式,在我国的整体资助发展架构中起到了至关重要的作用。

在我国高等职业教育的资助育人过程中,关于资助的信息和相关政策的传达呈现出某种程度的滞后和不透明性。为了改变当前的状况,各个省份和城市都呼吁各教育机构加大对贫困学生经济援助信息的传播力度,并对经济处境困难的学生给予额外的关心和照顾,一旦遇到特别的问题,应给予特别的解决方案。尽管如此,目前在我国,学校与受资助学生之间的资助信息传递仍然存在明显的不透明性和不对称性。为了解决这一问题,我们可以从几个关键方面入手,以加强我国资助教育工作中的信息交流,并进一步优化针对贫困学生的信息传递政策。

其一,不断加强资助宣传的规范性,提升资助的精准性和实效性。自改革开放政策实施以来,伴随着我国高等教育改革的进一步推进和社会经济的持续增长,学费制度经历了深刻的转变,从最初的免费入大学模式转向了更为全面的收费模式。特别是自 21 世纪初,我国的高等教育从精英化向大众化转变,并在 2007 年成功构建了一个相对完整的资助教育体系。学校作为资助活动的实施机构,已经制定了一套详细的资助章程和规则。通过学校的公告板和官方网站等多种方式,学校公开展示了资助流程,并严格按照这些标准流程进行资助操作,以防止任何形式的欺诈行为。这确保了资助活动的透明度和公开性,并保证了资助信息能够及时传达给每一个经济困难的学生。

其二,为了接受全体教师、学生以及社会大众的监督,我们应通过互联网和新媒体平台,及时地公开和上报资助的相关信息,确保受资助的学生能够受到社会的全面监督。如今,互联网信息技术已经彻底改变了传统信息传递方式,如果资助信息的公平性仍然按照传统方式在学校的公告栏和官方网站上发布,那么就无法保证资助信息的覆盖范围。因此,为了确保资助信息的广泛传播,我们可以选择如微信、微博这样的方式,这些方式都是当代大学生非常喜欢的。通过注册官方的微信和微博,并在适当的时候发布关于贫困生的资助信息,我们可以确保这些信息在发布后具有广泛的覆盖范围。除了上述内容,我们还可以在官方的微博和微信平台上发布关于我国的资助政策,以及与不良校园贷款、诚信贷款等教育资助相关的信息,从而在不知不觉中宣传资助教育的相关政策。

总结来说,在新时代背景下,提升高校资助育人工作的实际效果是一项系统性的任务,它涉及资助工作的各个方面。因此,我们应该从政策、方法和实践等多个维度出发,不断地提高资助育人的准确性,从多个角度增强资助育人的实际效果。

第四章　高职发展型资助育人体系的优解——"双线模式"

立德树人是教育的根本任务。如何将立德树人切实融入学生资助工作,将资助工作落实到人才培养上,是新时代资助工作者必须回应的时代之问。自 2007 年国家建立新的学生资助体系以来,东北师范大学不断完善校内学生资助政策体系,率先提出物质支持与素质支持并举的"双线资助"模式,设立了多元化的资助育人项目,为家庭经济困难学生励志成才奠定了坚实的基础,切实推动家庭经济困难学生自立自强、诚实守信、知恩感恩、勇于担当的良好品质的养成。

第一节　"双线资助"模式的内涵和意义

所谓"双线资助",第一条线是"财力支持",即帮助学生解决在校读书期间的经济困难问题,使学生顺利完成学业,满足学生现时的物质需要,这是资助工作的根本所在;第二条线是"素质支持",即加强对家庭经济困难学生的教育引导,促进学生全面发展,满足学生长远的深层发展需要,这是资助工作的终极目标。

首先,"双线资助"模式是满足学生多样化需求的需要。在高职学生思想政治教育大背景下,资助管理部门担负着双重的"育人"职责,既要发挥资助项目对学生的激励作用,又要开展以勤奋学习、自立自强、诚实守信等为主要内容的教育活动。学生有各种各样的需求,而这些需求又总是交织混杂在一起。采取简单的处理方式,就可能造成只扶贫,不扶志,虽然拿出钱资助了学生,却未必收到预期的效果。而"双线资助"模式的确立旨在满足学生深层的、多样化的需求。

其次,"双线资助"模式是"以人为本"思想的具体体现。家庭经济困难学生具有压力大、知识广、志向远等特点,他们不会只满足于表面物质需求的满足,而是更关注深层的长远发展需求的满足。因此,家庭经济困难学生资助工作要充分体现"以人为本"思想。一方面,"双线资助"把经济支持作为基础,帮助学生解决顺利就学问题;另一方面,"双线资助"更关注对学生的教育、引导,特别是帮助学生解决由经济困难引发的心理、精神、思想、能力等问题。这符合贫困学生的内在需求,既合目的性又合规律性。

最后,"双线资助"模式是开展思想政治教育工作的内在要求。正如中央 16 号文件所言:"资助贫困生是新形势下大学生思想政治教育的有效途径。"实际问题解决得好,思想问题往往迎刃而解;思想问题解决得好,又往往能促进实际问题的解决。个别学生"等、靠、要"思想严重,诚信度不高。这些问题的顺利解决,将增强学生自主解决经济困难的能力和信心。因此,既要把资助作为思想政治教育的途径,又要把思想政治教育作为资助工作的重要辅助。

第二节　"双线资助"模式的理念和策略

学生资助工作关系到教育事业的持续健康发展,关系到广大人民群众的切身利益,关系到社会主义现代化建设的全局。要进一步推进学生资助工作,就必须以科学的理念为引领,不断改革创新,夯实基础,完善机制,提高实效。

一、"双线资助"模式的理念

从理念层面来说,"双线资助"模式始终坚持以人为本的理念引领,切实将维护好学生的根本利益、促进学生成长成才作为根本目标。将以人为本理念落实到资助工作上,实施"双线资助",就是要一条线指向经济援助,解决学生的经济困难问题;另一条线指向资助育人,促进学生长远发展,为学生顺利完成学业做好经济保障工作,助力学生健康成长。

(一)实施个性资助,保障学生物质生活需求

以人为本理念强调从学生实际需要出发,围绕学生、关照学生、服务学生,实施个性资助,保障学生的物质生活需求。而实现这一工作目标的前提,是做好家庭经济困难学生认定工作。目前,要做好这项工作,还存在一些困难。家庭经济困难学生认定要建立在全面了解学生实际经济情况的基础上,当下我国还不能通过税收记录来了解学生的家庭经济情况,从而准确判断学生的困难程度,由于我国社会经济成分的多样化,学生家庭收入渠道也十分复杂。以农村为例,农民的收入来源已由过去以单一的种地为主,转变为种地、打工、个体经营等多种收入渠道的综合。这种情况下,判断学生家庭经济困难程度难度很大。这就需要学生资助工作者深入实际,努力做好三方面工作:一是通过学生访谈、在校消费调查、日常观察、档案查阅等方式,多渠道收集学生的家庭经济信息。针对学生家庭经济状况不断变化的特点,搭建有效平台,实行学生困难信息的动态管理。二是建立一整套"量化测评与民主评议"相结合的困难评价体系,科学分析学生家庭经济信息,确保学生经济困难认定的人文性、客观性。三是通过学生家庭实地走访等方式,对学生经济困难信息及学校的困难认定结果进行及时核实,增强对学生的诚信约束力,不断提高困难生评定的准确度。

在准确评定学生经济困难的基础上,要努力践行以人为本的指导思想,实施个性资助可从四个方面入手:一是结合学生的实际经济状况、个人能力、日常表现、心理特点等因素,量身设计多类型、多额度的资助项目,实现常规资助与临时资助相结合,大额资助与小额补助相结合,基于需求的资助与基于能力的资助相结合,无偿资助与有偿资助相结合,打造一个"资助项目自选超市",让不同类型、不同需求的学生都能找到他们需要的资助项目。二是实施"一揽子资助规划",定期公布学校的全部资助项目,集中申请、审批,以便学生合理选择和总体统筹。三是完善资助项目评审程序,要切实做好宣讲、公示工作,确保公开;认真履行评审程序,

严格执行评审条件,确保公平;不徇私情,确保公正。四是实施保底与额度封顶相结合的资助原则,确保资助能够满足学生在校期间的基本生活需要,同时避免资助款向少数学生集中,合理地配置资助资源。

(二)注重资助育人,促学生长远深层发展

以人为本的核心目的在于促进人的全面发展。坚持以人为本,就必须注重资助育人,满足学生长远的深层发展需求。这一要求在新资助政策体系中已有体现。新资助政策体系不仅从经济上帮助学生,而且注重从思想上教育学生,从精神上培育学生。当前的发展关键在于具体工作中彻底贯彻国家政策,结合实际开展有效的资助育人工作。各学校要从解决学生的实际困难出发,结合国家实施新资助政策的契机,结合学校的思想政治教育工作,做到物质上帮助学生,精神上培育学生,能力上锻炼学生,发挥资助与育人的双重功效。资助与育人其实是两个互相促进的过程:一方面,通过资助解决困难问题的同时,可以让学生切身体验公平、友善、平等、民主等社会主义核心价值,实际问题解决得好,思想问题往往迎刃而解。另一方面,思想政治教育工作到位,可以有效解决学生"等、靠、要、争、抢"资助等问题,发扬艰苦奋斗精神,增强自立自强观念,正确看待贫困,敢于面对贫困,勇于战胜贫困。

资助育人功效的发挥要靠针对家庭经济困难学生的专项教育活动。家庭经济困难学生教育工作必须先明确一个问题,即资助育人是在学校育人的大背景下进行的,要做的不是学生的全部育人工作。要认真研究家庭经济困难学生的特殊问题,找准经济困难学生与非困难学生相比存在的特殊问题,有的放矢地进行教育。从实践来看,经济困难学生存在的问题主要表现在两个方面:一是自尊方面的问题。因家境贫寒等因素导致家庭经济困难学生自卑感强、自信心不足。在对这些学生开展资助时就要注意方式方法,把党中央、国务院的关怀和爱护传递给每一位家庭经济困难学生,增强学生的自信。二是提高能力的问题。要针对有些经济困难学生存在的视野不够开阔,交往能力、社会适应能力相对较弱等具体情况,为家庭经济困难学生搭建素质提升的平台,通过引导、体验等方式

拓宽视野、积累经验,促进学生全面发展。

二、"双线资助"模式的策略

"双线资助"模式的实践策略是指坚持可持续发展,着眼长远,完善资助工作长效机制。为此,我们认为,要在资金投入、工作机制、队伍建设三个方面下功夫。

(一)确保资金投入可持续

自 2007 年建立新资助政策体系后,国家大幅度地提高了资助的额度和范围,2007 年全年资金投入为 272.92 亿元,2008 年接近 500 亿元。但从长远来看,要从根本上确保资金投入的持续发展还要着力处理好两个问题:一是要巩固发展成果,确保已建立起的政府、学校和银行资金投入的可持续发展,特别是要确保以银行为投入主体的助学贷款良性发展。助学贷款具有可循环使用的特点,是世界各国公认的最佳资助投入方式,也是可持续的资助资金投入方式,要加强对贷款学生的诚信教育,完善失信惩戒机制,降低助学贷款违约率,要总揽全局,协调好校源地助学贷款和生源地助学贷款的关系,确保二者互相促进、共同发展。二是要开辟新的发展领域,充分调动其他非政府组织的资助资金投入热情。政府要创设良好的社会环境,通过税收优惠等政策,鼓励企事业单位把闲置资源集中起来投入资助工作中,最大限度解决大学生的实际问题。学校要充分挖掘校友资源,设立以校友名义、企业名义捐赠的助学金,努力争取企事业单位、个人的无偿援助。

(二)完善资助工作长效机制

资助政策体系的建立,从国家层面勾画了资助工作的长效发展机制,但各项政策还需进一步相互衔接、协调,有些政策还需提高操作性。部分院校的资助制度简单照搬国家相关政策,没有结合学校实际和学生特点,缺乏科学性和操作性。还有部分高校,没有建立相关资助制度,需要进一步增强工作的持续性。因此,当前长效工作机制建设的重点在学校,工作重点有两个方面:一是要完善"三级管理"体制。在领导层面,要成立由学校主要领导为组长,资助管理中心、学生处、团委、就业、财务等有关职能部门负责人为成员的学生资助工作领导小组,深入研究资助工作的方向,制订科学的资助政策;在组织层面,要建立资助工作专门机构,完善职能。在实施层面,要把院系作为资助工作开展的主阵地,成立由院系党委副书记任组长,学生辅导员及一定比例的学生代表为成员的资助工作组,确保资助工作实效。二是要实行"资助工作一体化",凸显资助工作在学校管理工作中的地位,实现全员参与资助工作。即要形成以学生资助管理中心为主体,学生处、校团委、财务处、就业部门等职能部门多方通力配合的资助工作体系。同时,要充分重视教师的作用,使资助工作进课堂,构建全员参与、齐抓共管的新资助工作格局。

(三)建设"职业化、专业化"的资助工作队伍

高水平的资助工作队伍必然是保持资助持续发展的关键因素之一。学生需求千差万别,资助形式多种多样。资助工作涉及资助资源开源节流、优化配置,涉及学生财务规划及心理教育、成长指导等多方面内容,建设一支"职业化、专业化"的资助工作队伍迫在眉睫。资助队伍"职业化、专业化"建设要明确发展定位,选择专业化从业人员,做好职业化、专业化素质培养。在人员选聘上,要坚持高标准选人,选择热爱资助工作,并具有与资助工作密切相关的教育、心理、经济、金融、管理等专业背景的人员,形成专业互补。在队伍培养上,要组织多层次的资助工作业务培训,遵循知识和技能,过程和方法,情感、态度和价值观三位一体培训目标,提升资助工作人员业务能力,强化职业情感。在考核管理上,要理清资助工作职能,制定一套科学的资助工作操作制度,明确资助工作评价标准,建立完善的奖励机制,提高资助工作专业化水平。

第三节　"双线资助"模式的构建和运行

在我国,家庭经济困难学生始终受到党和政府的高度关注。努力做好家庭经济困难学生资助工作,已成为体现教育公正公平、维护学校和社

会稳定的重要举措,是高职学生工作的重要内容。做好资助工作,就要认真贯彻落实国家关于资助工作的最新文件精神,以"帮助学生顺利入学,促进学生全面发展"为目标,遵循"以人为本"的原则,构建财力支持与素质支持并进的"双线资助"模式,提高资助工作的针对性与实效性。

一、"双线资助"模式的构建

第一,明确标准,规范程序,扎实做好家庭经济困难学生评定工作。家庭经济困难学生评定工作是公平、公正地实施资助的必要前提。目前,多数学校主要依据三个因素评定家庭经济困难学生:学习生活消费支出、学生家庭年收入以及学费标准。评定的方法有三种:一是平均消费水平法;二是居民最低生活保障线比照界定法;三是综合使用以上两种方法。而实际上,我们很难准确调查出学生家庭收入、个人收入和消费水平,学生贫困的程度也各不相同,不能一概而论。因此,目前的这些操作方法都过于简单,学生在求助、贷款和勤工助学时,往往只凭一纸申报或证明而定,从而导致资助工作随意性大、透明度低。随着家庭经济困难学生资助力度的加大,建立操作性强、相对科学规范的评定办法,已成为资助工作的一个首要难题。

我们认为,学校可以建立"量化测评与民主评议"相结合的家庭经济困难学生评价办法。首先对"经济困难"做一个切合实际的定性描述。所谓"经济困难"是指学生本人在校期间的经济所得(包括家庭提供、社会捐助、各类补贴、兼职收入、奖学金等)无法或很难满足在校学习、生活基本需要。其次,要通过分析大量的学生困难信息、消费数据、资助需求,运用统计学方法,以生源类别、健康状况、教育支出、家庭收入、家庭人口数等多个因素为主要参数,建立一个学生贫困程度的量化评定公式及家庭经济困难学生分类办法,统一评定标准,以减小仅依靠某单一因素而产生的评定误差。最后,组建由政工干部、学生干部代表、非家庭经济困难学生代表和家庭经济困难学生代表组成的民主评议小组,根据学生的申请材料、自评结果、日常表现及量化评定结果,对学生困难程度进行评价,并将家庭经济困难学生分成特别、中等和一般三类,有针对性地予以资助。

第二,切实建立以国家助学贷款为主体、勤工助学为主导的"财力支持"体系。设计"财力支持"体系要重点考虑三个问题:一是设计原则;二是各资助项目的权重;三是资助项目安排的逻辑次序及实施效果。

按"统一规划,个性资助,确保三公"原则确定资助项目类别及结构。"统一规划",即把各项补助与贷款相结合,实施一揽子资助计划,合理规划全年资助额度,在每学年伊始一次性划拨到学院,以便学生及时知情、学院合理统筹。"个性资助",即结合每个学生的实际经济情况、个人能力、日常表现等因素,为其量身设计资助项目。一方面重点关注四类学生,即新生、毕业生、复困生、优困生;另一方面增设个性化资助项目,如学院临时困难补助、营养支持、"爱心超市"实物补助等。"确保三公",即公开、公平、公正,具体地说是切实做好宣讲、公示,确保公开;认真履行评审程序,严格执行评审条件,确保公平;不徇私情,确保公正。

突出国家助学贷款的主体地位。"财力支持"包括"奖、贷、助、补、减"五部分。其中,国家助学贷款是主体资助形式,但有些学校的实际情况却与国家的要求有较大差距。一方面,一些学生认为只有无偿的补助才是资助,而贷款将由其本人偿还,不是一种资助;另一方面,一些学校在贷款制度设计上缺少深入思考,只要学生能提供相应材料就满足其贷款需求,没能将贷款作为一种主体资助形式与其他资助项目相结合,从而降低了贷款的效用。学校要引导学生认识到国家及学校向学生提供贷款所付出的成本,引导学生看到贷款中的"隐形补助"。在设计贷款制度时,要确保"贷款补助一体化",将贷款与学生困难程度、困难补助制度等结合起来。实行"先贷款、再补减"的资助政策,促使学生首先通过贷款解决经济困难。学校还要建立大学生诚信评价系统,对学生的诚信进行日常考查,提高学生诚信度,降低贷款违约风险。

加大勤工助学力度,加大助学奖学金力度。通过开拓校内外勤工助学岗位、提高勤工助学工资标准,加大勤工助学力度;通过增设以贫困学生为唯一对象,以学习成绩、学习进步程度、综合素质等为重要评定条件的助学奖学金;逐步减少无偿资助类别及总体额度,适当增设诸如学院临时困难补助、爱心基金暂借款等机动、灵活的小额补助,以弥补系统资助后出现的遗漏和不足。

以"确保底线、鼓励自强"为原则,确定资助项目的实施次序。学校要根据学生的学习、生活实际,测算学生最基本的学习、生活需求标准,确保每一个贫困学生在校期间的"经济所得"不低于这个底线。在每学年伊始,学校先评定助学奖学金,然后受理学生的勤工助学和贷款申请。在审核申请时要综合考虑学生的经济所得及个人能力、学习生活表现。学校给予那些通过以上措施仍无法达到资助底线的学生一定程度的无偿补助。此外,学校要对学生在校期间所得资助款实行"额度封顶",以避免资助款向少数人集中。

第三,立足引导,重在实践,有针对性地向学生提供"素质支持"。在学校教育的大背景下,资助管理部门要有针对性、有特色地开展教育活动。其主要目的是促进学生艰苦奋斗、勤奋学习、自立自强、团结互助、诚实守信。

教育引导,培养学生。比如,可以实施"九个一"工程:每学期,辅导员与学生做一次深入交谈,组织学生参加一次心理辅导专题讲座,参加一次爱心公益活动;每年,组织学生听一次诚信报告,撰写一份自强规划;四年内,组织学生观看一次高水平的艺术展演,参观一次大型企业,参加一次系统的素质拓展训练,参加一次假期社会兼职实践。在操作方式上,采取学校统一规划、学院申请立项、学生自主设计组织的运作方式,以此引导学生了解社会、开阔眼界,增强心理素质,提高社会适应能力。树立典型,激励学生。学校要积极开发阅报亭、文印社、礼品屋等校内勤工助学实体,帮助一批学生通过自主经营,独立解决经济问题,成为自立典型;向部分学生提供个人发展基金,帮助一批学生成为全面发展的自强典型。每学期,组织一次"自强之星"评选及自强报告交流会,挖掘更多自立自强典型,激励学生养成向上的精神、学习的兴趣。

搭建平台,锻炼学生。学校组建由贫困学生组成的勤工助学服务中心、爱心使者团、自强同学会、贷款咨询团、还贷联络团等组织,以相应的管理、服务工作为载体,促进贫困学生互相交流,提高管理能力、交往能力和社会责任感。

二、"双线资助"模式的运行

"双线资助"模式是针对家庭经济困难学生比例居高不下,家庭经济困难学生心理健康教育等问题凸显,资助工作难度不断加大,专业化要求越来越高的现实问题来构建的。这一工作模式的健康运行需要学校高度重视家庭经济困难学生资助工作,在资金、机构和队伍建设、工作机制等方面提供有力保障。

第一,三方联动,确保资金投入。足够的资金是做好资助工作的重要前提。学校要加强与国家、社会的联动。一方面,要按照国家有关规定,从学费收入中按 10% 的比例足额计提资助款,专款专用;另一方面,要加强与国内外基金会、企业、社会团体等各界的联系,多渠道争取社会捐助。

第二,三级管理,加强队伍建设。在领导层面,要成立由学校主要领导为组长,学生资助管理中心、学生处、学生就业指导服务中心、校团委等有关职能部门参加的学生资助工作领导小组,全面领导学校的资助工作,制订资助政策。在组织层面,要建立独立建制的资助机构,本着"专家化、学者型"的建设原则,按在校生的一定比例,配备具有经济学、社会学、心理学、教育学、计算机科学等学科背景的专职工作人员,负责全校资助工作的组织管理。加强对工作人员的培训,提高工作人员的科研能力,确保资助工作的专业化和高水平。在实施层面,要在院系组建学生资助工作组,由院系分党委副书记任组长,学生辅导员及一定比例的学生代表为成员,以民主评议为主要方式开展工作的具体实施。同时,要在贫困学生中设立情报员、咨询员、协管员和指导员,随时搜集、上报学生的困难信息和资助需求,解答学生关于资助、贷款政策的疑问,策划、组织相关公益活动。

第三,实行"资助工作一体化",实现全员参与资助工作。资助工作的最终目标在于促进贫困学生全面发展。要构建"一体化"的资助工作格局,即要形成以学生资助管理中心为主体,学生处、学生就业指导服务中心、校团委等职能部门多方通力配合,全校教师共同参与的资助工作体系。具体而言,学生资助管理中心要经常关注、分析国家资助政策,及时调研、总结国内外高等院校学生资助工作经验,深入分析本校家庭经济困难学生资助需求、困难特点、心理特点,认真了解学生辅导员、学院党委副书记的工作建议与意见,制定、完善各类规章制度,保证资助工作规范化、科学化、专业化运转;校团委要广泛吸纳贫困学生加入青年志愿者组织,通过组织、参与公益活动,培养爱心和社会责任感;学生处可以通过"理想与成才报告团"等方式,树立自立自强典型,激励学生努力学习;就业指导服务中心可以开展"春风行动"等针对贫困学生的就业援助和指导工作,向贫困学生提供就业基金及专门的就业辅导;同时,学生资助工作领导小组要倡导全校教师捐款设立"爱心基金",使全校教师关注和重视贫困学生的教育、教学,实现家庭经济困难学生教育的课内课外相结合。总之,构建"双线资助"模式,实行"资助工作一体化""资助育人一盘棋",才能从根本上帮助贫困学生解决经济问题,促进贫困学生全面、协调发展。

第五章　高职经济困难学生的心理扶助新路径——音乐治疗

大学生心理健康教育一直是高职院校学生工作的重点,而贫困大学生相对来说,面临的心理困境和心理问题会更加复杂。因此,在贫困大学生扶助工作中,贫困大学生的心理健康教育和心理问题干预是非常重要的一环。本章主要介绍目前贫困大学生的心理健康状况,针对这种现状,本章提出了贫困大学生心理问题的对策以及贫困大学生心理健康管理的路径。

第一节　高职经济困难学生的心理健康与需求

一、贫困大学生的生存状况

与普通学生相比,贫困大学生的问题主要体现在以下几个方面:首先是经济困难,贫困大学生面临更加窘迫的物质生活条件和沉重的竞争压力。很多贫困大学生无法负担基本的学费和生活费,在衣、食、住、行等方面没有基本的保障,无法承担生病等意外开销,也没有更多的钱来获得足够的学习资源,这严重影响了他们正常的学习;而又由于经济压力,贫困大学生不得不花大量的时间做兼职,这使得学生的学习时间无法得到保证,从而影响了他们的学习成绩。贫困大学生还面临因贫困而产生的羞耻感,进而变得自卑敏感,从而影响了他们的心理健康状况,不良的心理状况也会影响他们的学习积极性和学习效率。长期的自卑和焦虑使他们不能像普通学生那样乐观开朗,人际关系也会面临困境。许多贫困大学生宁愿封闭自己,不愿参加集体活动,很少与人互动,这又进一步恶化了他们的心理健康状况。久而久之，他们丧失了自我表达和社交的欲望和能力，进而削弱了自身的竞争力，导致他们在走上社会求职的过程中更容易缺乏自信心，不知道如何展示自己的优势，进而在职场上不受重视，遭受挫折。此外，一些贫困大学生的主动性相对较弱，这使得他们在就业方面处于不利地位。

二、当代贫困大学生心理问题主要表现形式

(一)自卑和过度自尊并存

贫困对于一个人的影响有好有坏，贫困是把双刃剑，一方面贫困可以锻炼一个人的意志，激发一个人的奋斗意识，另一方面贫困带来的困境会限制一个人的眼界，带来心理上的悲观和自卑。贫困大学生的压力问题包括：家庭经济困难、难以承担学费和生活费、学习压力大、考试成绩不理想等。这些问题都会给贫困大学生带来沉重的心理压力，导致各种各样的心理问题。过于沉重的压力会消磨一个人的意志，对于个人成长反而会带来不好的影响。在悲观情绪的影响下，大学生很可能会茫然失措，缺乏斗志。

贫困给一些大学生带来了强烈的自卑感，导致他们难以正确地认识自我，缺乏自我意识，看不到自身的优点和长处，认为自己各方面都不如别人，从而陷入了长久的自我怀疑中，限制了对自身潜力的挖掘，沉迷于"我很穷，我做不到"的想法，对自己的成就不确定，也不敢展示自己的能力。这种心理很容易让他们错失机遇，不敢挑战自己，而因为没有正面的反馈，导致他们陷入进一步的负面自我评价，从而形成恶性循环。同时，强烈的自卑情结也会导致自尊心过于强烈，在人际交往中往往给人留下不好的印象。

(二)焦虑与抑郁并存

焦虑是一种常见的情绪，主要表现为不安、紧张和担忧。焦虑心理主要是由于害怕失败，担心不能完成任务或达成目标而产生自责并丧失自信心。处于焦虑状态下的学生会感到紧张、躁动，还会引起失眠等问题。

"焦虑""抑郁"已经成为很多年轻人的口头用语。现代人由于竞争压力大、人际关系淡漠,抑郁已经成为一种很常见的心理疾病。轻微的抑郁只是暂时的,经过自我调节即可消除,不会给生活带来严重的影响。但少数人的抑郁体验会持续很长时间,形成心理疾病,这就需要尽快调试或就医。如此看来,抑郁是焦虑情绪的更为严重的、升级的体验。贫困大学生群体由于各方面的不利因素,焦虑、抑郁的情绪在他们中间较为普遍,如果得不到有效干预,就很有可能发展为抑郁症。抑郁症会带来失眠、健忘、疲惫、懈怠、注意力不集中、食欲下降、思维迟缓、精力不足等症状。另外,抑郁者还有可能伴随发热、头痛、四肢酸痛的躯体症状。这都会给大学生的人际交往和学习带来严重的不良影响。大学本该是充满朝气、活力和进取心的阶段,而抑郁症会使大学生彻底丧失活力,错过了人生中重要的成长期,所有这些都是不健康的情绪体验,会严重损害生活质量,不利于贫困大学生的身心健康。

(三)期待交往与自我封闭并存

人际交往指的是人们通过交换信号(语言或者其他形式)来表述思想、表达情感和需要的过程,是人们通过一定的方式相互接触所进行的动态活动。自我封闭首先是一种逃避的心理体现,由于外界因素的不适应而把自己封闭在正常交往之外。期待交往与自我封闭这对矛盾是贫困大学生中典型存在的心理危机,我们称之为"围城现象"。每个大学生都有期待交往、被人关注的共同愿望,贫困大学生亦然。然而,在现实生活中,贫困大学生往往会因为各种害怕而抵制交往甚至放弃与外界社会的接触,表现出较高的不合群性。关于贫困大学生自我封闭而导致的交往障碍,其原因主要包括经济条件差、外貌因素、学习成绩等。

(四)敏感与多疑并存

长期的自卑和压抑会使部分贫困大学生的内心非常脆弱、敏感,通常不想让别人知道自己的困难情况,宁可自己艰苦一些,也从不轻易求助。经济条件困难容易造成自卑,在人际交往中表现为敏感多疑。与经济条件较好的学生相比,贫困大学生在日常交往中无法和其他人在经济上互助互利,这种情况造成很多贫困大学生不敢与同学交往,不喜欢参加集体活动。另一方面,又因为与大家的疏远而对周围的同学、老师等极为敏感,以至于过分关注同学们无心的说笑,本与自己无关的事情,他们也会认为是在背后议论自己、嘲笑自己。这样既为他们自己增添了许多麻烦,又使他们容易受到更多挫折。部分贫困大学生因为自身个性的原因而敏感、多疑与自我封闭,他们在交往中常感到不被人接纳,怕别人瞧不起自己。他们往往会持逆反心理,常用不平衡的心理面对一切,一些叛逆的行为既伤害同学间的情感,又挫伤本人的自尊心,形成人际危机,乃至恶性事件。

三、贫困大学生心理问题成因分析

对于贫困大学生心理问题的研究,大多数研究者采用综述的方法系统阐明其主要心理特点。如李蓉在《贫困大学生心理特点及教育对策》中指出,经济上的重负,往往导致贫困大学生心理上承受着巨大的压力,贫困使大学生心灵深处自觉或不自觉地产生了一种挫折感,从而导致了自卑、焦虑、抑郁、自尊心过强、人际关系敏感等一系列心理问题。另外,李忠在《贫困大学生心理问题成因分析及对策》中提出,城乡差别、心理不适应、心理上缺乏对地位转变的重新定位、就业压力增大、学校和社会在经济救助时采用的不当方法或失误,都会加重贫困大学生心理问题的产生。总的来说,分析贫困大学生心理问题的原因,要从以下四个方面入手。

(一)社会因素的影响

社会因素对贫困大学生的心理健康有着重要影响。从宏观角度来说,我国当下正处于社会转型的特殊历史时期,在较长时间内,人均教育支出低下的现状很难得到改变。而目前我国的社会保障体系并不完善,贫困大学生作为普遍存在的弱势群体,并不能得到绝对公平、公正的待遇,严重的贫富差距和高昂的收费制度给贫困大学生带来了经济上的窘迫和心理上的自卑,使之陷入"多困"的境地。

第一,社会收入的不公平,特别是在法制不完善的情况下,看到有的人靠非法手段大肆敛财,迅速暴富而一掷千金,但自己却在为每天几元钱的生计发愁时,不平衡的心态很快形成,甚至发展成反社会的偏执人格。

第二,在市场经济负面因素影响下,人际关系逐渐变得势利和冷漠,加剧了人们对金钱的渴望,更加看重物质利益的作用。一旦别人讥笑自己穿戴不时髦、经济不宽裕,贫困大学生就很容易产生自卑感和焦虑感。

第三,由于社会选人用人机制还不够完善,人才市场的择业竞争还存在一些不公正现象。贫困大学生没有父母可以依赖,自身在言谈、举止、气质等方面也有不足之处,因而面临的就业压力更大。

(1)社会经济资助覆盖面不全。高等教育在政府和社会各界的支持下,采取了奖学金、困难补助、勤工助学、减免学杂费、贷款等助学措施,力求帮助解决贫困大学生的经济困难。然而,毕竟国家和学校的财力有限,不能彻底解决贫困大学生的经济困难。另外,即使有一定程度的物质资助,但远远不能够满足贫困大学生的实际需求,依然不能解决贫困大学生的心理问题。贫困大学生由于经济拮据,为生活奔波,既无经济实力,也无精力更多地进行人际交往,参与校园文化生活。这不仅使他们在行为上与当前校园文化氛围不符,而且也使他们心理上自感寒酸,进而产生人际关系敏感、防卫反应、敌对态度和部分强迫症状,冲动行为也易表现出来。另外,社会上一些善意的捐助行为,因实施方式、方法不当也无意中加大了贫困大学生的心理压力。如某些赞助商在帮助贫困大学生的活动中,片面考虑商业炒作的效果,而不考虑贫困大学生的自尊和感受,有的甚至以贫困大学生的隐私作为卖点,使一些学生虽然物质上得到了资助,但精神上却遭受了挫伤,感到是在接受"施舍",挫伤了自尊心,从而加重了自卑心理。

(2)贫困大学生认定标准不清晰。高职院校对贫困大学生虽然已经开展了奖学金、助学金、助学贷款、勤工俭学等一系列资助,但是贫困大学生身份认定过程的简单化、教条化,导致目前贫困大学生资格认定工作不够公平,也有待改进。学生是否贫困完全取决于一张加盖公章的"家庭经济情况证明",学校基于对政府公章的信任,不可能千里迢迢远赴学生家乡实地调查,这在无形之中促进了虚假贫困证明的催生。这种单一的以家庭收入和支出的数据来判断学生是否贫困的现象缺乏逻辑性、严谨性和科学性。此外,因为监督机制的不健全,国家给予补贴有没有落实也不得而知。贫困大学生审批程序一般先由贫困大学生写申请书,辅导员根据"家庭经济情况证明"(三级证明)核实情况后决定人选。部分辅导员在审核时存在主观偏向,使得资助资源未能精准分配到最需要的学生身上。随着高职院校招生数量不断增加,教师数量明显不足,缺乏工作责任感的辅导员没有依据严谨的审核流程和客观标准去深入了解学生的家庭经济状况,而是简单粗暴地将资助名额随意分配,忽视贫困学生真实的经济困境和迫切的资助需求,这对贫困大学生的利益造成了不同程度的损害。

(二)家庭因素的影响

家庭是社会的细胞,是一种最基本的社会单元。它建立在婚姻、血缘关系基础之上,是一个人最早接触且与其他成员终身保持密切联系的重要环境。家庭中的各种因素不仅影响着子女早期的思想意识、智力和身体发展,而且还影响着他们的人格发展和社会属性发展,对贫困大学生的心理健康起着至关重要的作用。

1.家庭客观环境的影响

通常来说,家庭客观环境指的是家庭的经济条件、家长的文化程度和家庭结构状况。贫困大学生大多来自偏远农村或失业的城镇家庭,经济本身就比较困难,对于金钱的渴望比较强烈,这使得他们常常挣扎在学习与工作的矛盾之中,心理负担异常沉重。一旦学习成绩达不到理想目标就会感到自责,下降的成绩与失之交臂的奖学金又加剧了经济的贫困,形成了"贫困打工—打工耗时—成绩下降—再度贫困"的恶性循环。这些因素引发了学生的自卑、焦虑和恐惧等问题。另外,家长的文化程度往往决定着家庭的教育方式,而家庭环境则代表着一个家庭的氛围,贫困大学生的心理稳不稳定与他们的生活品质高不高、受教方式好不好,还有家庭气氛是否和谐融洽都是分不开的。

2.家庭主观环境的影响

家庭教育肩负着教导文化知识、培养高尚道德、指导行为规范、引导和帮助其独立谋生的责任。家长教育的方式方法、对子女期望程度的高低、家庭气氛是否和谐等都属于家庭主观环境。尤其是家长的性格、家长的观念和家长对待成功与挫折的态度,往往会给子女留下深刻的印象,对子女的心理素质及人格发展等产生重要影响。家庭的贫困往往影响着父母的心态,影响着父母对子女的教育方式,进而影响着孩子的心理品质。

(三)学校因素的影响

学校是有目的、有计划、有组织地向受教育者传授文化知识、劳动技能、价值观念、政治观点、社会规范,以培养符合一定社会要求的公民的机构,是一种特殊的组织。学校是学生学习和生活的主要场所,在大学生的心理健康方面肩负着重任,发挥着积极的作用。单一的教学不再能够满足社会所需要的综合型人才标准,学生的综合评价体系、贫困大学生的资助与服务工作、大学生心理健康教育程度等因素都会制约贫困大学生的健康成长。

1.学校不同群体生活习惯的多元化

相对于普通高中时期的统一着装、严格管理来说,学校是一个相对开放的环境,社会上的流行趋势与各种消费信息在校园流通率激增,各种聚会的举行都不同程度地存在着从众、攀比、求异的消费心理。受这些负面信息的影响,一些贫困大学生有了不良的消费行为,进而享乐主义滋生,引起同学们的消费攀比,出现了铺张浪费的现象。在这种气氛中贫困大学生没有经济实力,与高消费的生活状态有强烈反差,容易导致心理失衡,在人际交往中自我封闭。甚至有少数贫困大学生不感激父母倾尽所有供他读书的现状,无视家庭的艰辛,拿着银行贷款的同时,盲目追求华服美食、电子数码产品,花钱毫无节制,抽烟喝酒,请客送礼,养成诸多不良的消费习惯。

2.不同教育阶段的评价体系不一致

在传统的教育模式影响下,各级各类学校长期以来忽视对学生健康人格的培养。中小学教育以应试教育为主,提倡了多年的素质教育并没有在社会上站稳脚跟,无论学校还是家长,注意力最终还是落在学生的成绩证书上,忽视了对学生健康人格的培养与塑造,而对可能存在的心理问题,更是没有做到提前预防,导致贫困大学生心理上的先天不足。从中学到大学转换的不仅是头衔与方位,衡量与评价学生的标准也发生了很大变化。仅仅以学习成绩来评价学生综合素质的体系,是发生在中学时期的;与中小学评价标准相比,大学中对于学生整体的评判准则是多层次、全方位的。相较于单一的学习成绩,大学的评价体系更加注重学生的实践能力和不断开发出来的潜能。贫困大学生大多没有接受各种特长和技能的培养,甚至在如英语、计算机等基础学科上的掌握度也不如别人,面对这种巨大的反差,贫困大学生缺少足够的心理承受能力,无法面对现实,无法正视自我、接纳自我,心理落差得不到妥善调节,很容易走向歧途。

思想政治教育工作是一项系统工程,其实效需要依靠有效体系的支撑。贫困大学生思想政治教育也是如此,其实效也必须依托一套针对贫困大学生这个特殊群体有效的、系统的教育体系。就目前许多高职院校对贫困大学生的思想政治教育情况来看,道德教育缺乏相应的管理体系、实践体系和测评体系作支撑,贫困大学生思想政治教育工作缺乏稳定的制度保障,造成有事临时处理、没事无人问津的被动局面,更谈不上工作的系统性和长期性。一般学校都有资助科室、勤工助学中心等物质资助机构和专门的工作人员,但这些人员一般只从事资金的筹措和资助项目管理运作,不负责贫困大学生的思想政治教育工作。虽然很多学校设立了心理咨询机构,但受过系统训练的专业人才太少,完全没有达到教育部要求的比例。

(四)个体因素的影响

对处于青年期的贫困大学生而言,他们常常面临理智与情感、孤独与依赖、理想与实践的矛盾斗争中。贫困大学生也是如此,在众多矛盾中,他们是否能够对"自我"做出适当评价,他们的自我认识与自我控制程度如何,直接影响着他们的心理健康。

1.自我认知的偏差

自我认知是指个体对自己、对他人以及自己与他人的关系的认识和评价。很多贫困大学生缺乏正确的自我认知,自我评价偏低,认知的偏差使他们在思索自身与他人及社会关系时,产生自卑、自怜等情感体验。

不能正确地认识自己是产生心理问题的主要原因。一些贫穷学生总是认为自己很穷,所以自己的各个方面都比不上别人。当这部分学生遭遇挫折或者失败时,往往不能准确找出错误的原因,而把它归为自己能力不够又或者是上天的不公平待遇,难以客观评价自己,难以在失败中获得经验教训。这种不正确的认知导致的心理问题不在少数。

2.人生观、价值观的偏差

马克思主义唯物观教导我们,人生价值在于个人对社会的奉献,而不是个人对社会的索取。你对社会的贡献越大,你实现的自身价值就越大。因此,对大学生进行价值观教育,就是要激发人们的社会责任感与集体荣誉感,并将其统一为实现我国又好又快的发展而努力奋斗。一些贫困大学生在经济困难的情况下,无法向社会索取到平等的权利,便会产生消极厌世的情绪,把贫困当作横亘在前进道路上无法逾越的鸿沟:有的自怜自艾,有的埋怨父母与社会。而有些学生,当他个人所树立的理想太过远大,脱离了现实基础而无法实现的时候,便会引发他的挫折心理,更严重者甚至产生心理危机。这些都是人生价值观出现偏差的表现。

第二节 音乐治疗的基本内容

一、音乐治疗的源起与发展

当前我国有相当一部分民众对于音乐治疗没有正确的认识,认为音乐治疗是源自国外的新生事物。其实,音乐治疗不论是在西方还是在我国,都有着悠久的历史,并被记录在书籍当中。

　　我国的音乐治疗历史可以追溯到数千年前的原始社会,在巫、医共存的原始时代,音乐治疗是以一种巫术或迷信仪式的形式表现的。声音看不见、摸不到,但是却能被人们所听到,所以原始人类对声音抱有敬畏之心,将声音视为一种神秘的、不可捉摸的神奇力量。原始时代的巫医就利用人们对声音的畏惧,在音乐治疗过程当中加入大量的舞蹈和怪异咒语,增加了其通过声音医治的仪式感和神秘感。通过合适的音乐可以给人以平静感,抚慰心情、提升信心,病人在巫医的声音当中获得了精神力量,获得了内心的安慰,精神不再紧张,获得更好的休息,所以病情就会加速痊愈。

　　不论是在《吕氏春秋》还是《黄帝内经》,都曾记载过我国古人如何用声音来对人们的健康进行影响,通过声音为人们带来更好的心情,提升身心健康。儒家更是将音乐作为"六艺"之一,通过音乐来培养人的情操和素养。音乐不仅是一种艺术形式,更是心灵上的净化剂,通过音乐可以调节人的情绪,进而会影响人的行为习惯,从而实现教育人的目的。

　　我国古人不仅意识到音乐对于人体的影响,还对不同音乐所产生的效果做了对比,《春秋左氏传》当中记载,曾经有个秦国医者对音乐和人体健康之间的关系进行了阐述,这位古代医者认为"中正平和"的音乐更利于人体,而君子不应听"淫烦"的音乐,会导致人产生负面的情绪进而会产生疾病。这可以看出,古人已经借助音乐对身体的影响进行基本归类。《儒门事亲》当中还记载有"笛鼓之声"治疗心痛的实际案例。总的来说,我国古代对音乐治疗已经有了一定程度的认识,而且也已经应用于实践当中。可以说,音乐治疗在我国有着千年历史,《乐记》《论衡》《养生论》等大量的古代文献都对音乐治疗有着丰富的记载,这些经验和理论不仅证明了音乐治疗在我国由来已久,更对我国音乐治疗的发展起到了推动作用。

　　国际上的音乐治疗同样有着悠久的历史。令人惊讶的是,音乐治疗并不是集中在某个区域,而是不论在非洲、南美洲、欧洲以及澳洲都出现过。时至今日,在非洲、南美的某些原始部落仍保存有这种半医半巫的通过乐舞仪式来治疗疾病的方法。其实，在古代音乐治疗的形式还有很多，传教士带领信徒们共同唱响圣歌，在平和的歌声中信徒们获得了精神的满足和心灵的净化。获得强大的内心力量就有了昂扬的情绪，在面对生活压力以及烦恼时，可以更好地排解负面情绪。所以可以说，音乐治疗在历史上由来已久，这不是天方夜谭而是真实有效的。

远古时代，不论是我国还是其他古代文明，都将音乐与崇拜、信仰相联系，音乐治疗本就是心理治疗和疏导的重要手段，信仰能够给人以强大的精神力量，两者的结合不仅能够吸引信徒，还能够为信徒提供更强大的内心力量，更加坚定自己的信仰。

希腊神话中的阿波罗是音乐之神和医疗之神，传说他有一把琴，拨动后可以治愈创伤。音乐和医疗被放在一起，从这一点其实也可以想象到，当时的希腊人也发现了音乐和医疗之间的联系。古希腊大学者亚里士多德也曾经提出过音乐对于情绪有着稳定作用。而古希腊的学者毕达哥拉斯则直接用科学实验来证明音乐与医疗的关系，他亲自设计实验用的发声器并试图用数学的方式来解释这种联系。虽然他的实验缺少音乐本身的音乐性，但是他的实践却切实地推动了音乐治疗科学化的脚步。毕达哥拉斯将音乐与数学、天文学等学科结合在一起，他认为音乐的奥秘和宇宙运行的规律有相似之处，都有其独有的规律。有序、和谐的音乐悦耳动听，而嘈杂无序的音乐让人心烦意乱。所以，通过有序和谐的音乐可以对人类的身心进行调节。毕达哥拉斯的理论在一定程度上与当代音乐治疗是相契合的，对音乐治疗的发展有着巨大的推动作用。

音乐治疗在历史发展过程中存在已久，并有其独有的应用范围。从世界发展来看，古希腊在音乐治疗领域有着巨大的贡献，更多的区域往往是将音乐与巫术、宗教联系在一起。而古希腊的科学家则从科学的实践思维与实际医疗实践去认识音乐治疗，这对日后人们在音乐治疗中进行探索和研究提供了宝贵经验。文艺复兴是欧洲文明发展的重大转折点，同时文艺复兴也为音乐的发展提供了重要契机。欧洲中世纪文化思想被教会所控制，音乐主要以圣歌的形式出现，这就限制了音乐多元化的发展。而文艺复兴背景之下,音乐脱离了宗教的束缚,从教会音乐当中走向社会,真正地走向了人的内心。人们可以载歌载舞,演唱或演奏自己喜欢的音乐,所以音乐在这一期间得到了迅速发展,为日后的音乐治疗奠定了重要基础。

在十七、十八世纪,音乐治疗在欧洲被医学家所研究,这一时期的医学家的研究角度与亚里士多德等前人不同,他们从生物学的角度对音乐对人体的作用进行研究。音乐治疗相关的著作在这一时期开始出版发行,这表明这一时期的欧洲已经对音乐投入了较多的研究,并当作一门科学去研究并投入实践。

音乐治疗专业在多所大学开设并建立了完善的教育体制,而精神病、心理疾病、特殊教育学校等都广泛应用音乐治疗。音乐治疗作为一门交叉学科,国际上对其认知也在不断地发生着变化。在经过 20 世纪八九十年代的发展,最终确立了音乐治疗当中的"治疗"这一重要定义,确立了音乐治疗与心理治疗的内涵更为接近,通过音乐这种媒介帮助患者获得健康,提升患者适应社会的能力,重拾对生活的信心。

音乐治疗的定义不断地发生着变化,也说明了人们的认知也在发生着改变,这也是音乐治疗不断发展的结果。从音乐治疗发展历史来看,在不同文化背景、价值观念之下,中外学者对于音乐治疗的认识也是不同的。但是关于音乐治疗的认知和定义不外乎其治疗对象、方式或手段、治疗目的等方面。回顾其历史发展,可以对其发展特点进行如下总结。

早期,音乐治疗作为心理治疗的手段,多用于心理障碍患者的治疗当中。后来随着人们对其应用的推广,开始扩大到身心、情绪等多方面问题引发的特别治疗当中。到了 20 世纪末,音乐治疗更是被应用在临床,用于缓解病人痛苦和复健治疗当中。可以说,随着社会的发展,音乐治疗的应用对象和范围在不断扩大。另外,音乐治疗的概念和性质也在随历史的发展而变化。音乐治疗当中应用音乐的形式由单一变得更加多元化、多样化。对来访者的刺激方式也更加丰富,由曾经的听觉刺激进化为音乐性刺激,通过音乐的艺术效果和多变的音乐性带给来访者更多的体验和更加丰富的情绪牵动。

当前的音乐刺激不仅局限于听觉,还有情绪、心理、艺术审美、社会性等多个侧面。同时,音乐治疗的研究者和应用者对于音乐治疗的认识也更加开放,打破了传统认识的禁锢,赋予了音乐治疗更多艺术上和生命角度的理解。当前,音乐在音乐治疗当中发挥了两个方面的作用。一是在治疗师和患者之间建立积极关系的媒介;二是一种重要的治疗工具。在当前的音乐治疗当中,音乐的两大作用共同发挥,在治疗师和患者之间构建了良好的诊治环境。另外,从历史上看,在音乐治疗当中治疗师与来访者之间建立和谐关系越来越重要。音乐治疗不仅仅是单纯的治疗方式,还体现了浓厚的人本主义观念。音乐治疗师不仅要具有合格的专业能力,还应在个人品格方面有很高的素养,这也是在医患之间建立和谐关系的前提。另外,这种医患关系并不是指来访者依赖于治疗师,而是一种平等的、治疗师帮助来访者的关系。随着音乐治疗的发展以及音乐治疗应用范围的扩大,音乐治疗的目标也在发生着变化。原本通过音乐治疗实现的目标是改善患者的情绪和身心状态,但随着社会的发展,在 20 世纪90 年代已经将提升生活质量等社会性问题纳入其应有目标内。音乐治疗应用的范围和指向目标的增加,也表明了社会压力的日趋增大,以及人们对身心健康的不断关注。

我国音乐疗法古已有之。商代有一种求雨的舞蹈为"雩(yú)","舞者吁(yū)嗟(jiē)而请雨",当时人们已经学会跟随舞蹈节奏呼号求雨,来祈求上天降雨人间,慰藉人们的心灵。周代的代表性乐舞"武"和"象",就是以歌颂周王朝统治者的功德为目的,借助音乐活动来控制人们的思想,巩固周王朝的统治地位。先秦时期,《白虎通·礼乐》中"调和五声以养万物"之说,体现出先秦时期人们对音乐医疗的应用和对音乐医疗功效的认识。汉代《史记·乐书》中记载有:"音乐者,所以动荡血脉,通流精神而和正心也"。

宋代,《欧阳文忠公集》中曾记载文学家欧阳修因忧伤政事而致形体消瘦,虽屡进药物却无效。后来,他抚琴排忧,每天听古乐《宫声》数次,心情逐渐改变,从忧郁、沉闷转为快乐、开朗。为此,欧阳修深有感触地说:"用药不如用乐也。"元代四大名医之一张子和在用针灸治疗悲伤过度的病人时,会同时让一些乐手在一旁吹笛抚琴,配以歌声,来转移病人的注意力,取得了良好的治疗效果。为此,他在自己撰写的《儒门事亲》中指出"好药者,与之笙笛",提倡让病人学习器乐,通过音乐来缓解疾病所带来的痛苦。

之后,北京大学的心理学者率先就音乐对人体的影响进行研究,拉开了我国音乐治疗研究的序幕。随着中国历史关于音乐治疗的记载不断被提起,再加上不断学习和借鉴国际先进经验,如今我国音乐治疗已经有了长足的进步,但是在实践普及方面还有较长的路要走。如今,音乐治疗在世界范围内受到越来越多的认可和关注,这也是人们对于自身健康日益关注的结果。我国在 1989 年成立了中国音乐治疗学会,发掘传统的有中国特色的音乐治疗方法和技术,并吸取先进经验,建立我国的音乐治疗学科体系势在必行。

二、音乐治疗的概念与原理

从物理层面来看,音乐是一种具有强烈感官刺激的形式,在音乐中,人们会产生多重感觉体验。人类感受的音乐不仅仅有耳朵感受到听觉刺激,还有声波震动所带来的触觉刺激。这种感觉就像在节奏感强、声音大的音乐声响中,人会不由自主地跟着节奏跳舞并会产生兴奋的情绪。另外,音乐所包含的不同频率声波可以对人的内脏产生影响,相对舒缓与病患需求恰当的音乐将会对人体器官产生一种带动作用。在音乐的带动下,人自身出现问题或处于紊乱状态下的内脏将会得到改善。

音乐与人类之间的关系十分微妙而复杂。音乐治疗最直接的效果就是对人的情绪产生影响,可是不论是演奏音乐还是演唱歌曲都是人类的一种行为方式。人类进行这种与音乐相关的活动,最终却反作用于人类。探究音乐与人之间的关系通常会从两个角度来发掘。一个是从表演音乐的人的经验角度来发现两者之间的奥秘,另一个是从表演音乐的人的行为方式当中探寻两者之间的规律。比较而言,后者较前者更为科学,不过也有很大的研究难度。从当前相关领域的研究成果来看,更多的文献还是从个人经验谈起。

人类对音乐有精神需求,通过音乐,人类获得了情感、娱乐的满足。当沉浸于音乐之中时,人的行为也会相应地发生变化。对于人类来说,通过音乐,人类能够获得审美经验。审美体验是人类的重要需求,音乐首先会带给人以感官刺激,在这种刺激之后人类就会将这种审美的满足进行延伸,进而重复音乐的节奏或是随着节奏的律动而摆动身体,进而会产生美的再创造。这种反应是人类正常的行为表现。所以,音乐可以带给人以良好的情绪,对人的情绪产生影响。这是基于人类自身对于音乐有一种发自本能的审美需求。但是由于每个人的实际情况各不相同,所以人类对于音乐的接受程度也有所不同,对于本民族的音乐自然更容易接受,在提升了审美经验后逐渐地会接受更多来自其他民族或地域的音乐,并且获得更多的审美经验。音乐之所以能够产生治疗的效果,就是因为人们能够与音乐产生共鸣,而这个前提是来访者能够理解音乐。如果是一首完全陌生的曲子,来访者就难以产生共鸣,而是需要一定的时间去了解,这就耽误了治疗时机。所以,要实现音乐治疗的目的,尽量选择来访者所熟悉的音乐更能够引起共鸣,获得更好的治疗效果。

人体与音乐之间的关系十分复杂,相关领域的学生对此都有着不同看法,不过,从音乐治疗的角度看,音乐直接作用于人类的情绪和情感,甚至能够影响人的行为方式。要对音乐治疗进行研究,我们还是应该从音乐的音调、旋律等音乐基础要素入手,对其进行分析,获得更为科学的结果。音乐虽然只能通过听觉接收到,但是本身是有结构的,一段和弦就可以将人的思绪带入五光十色的想象之中,音乐的基础结构让音乐变得"真实"。音乐带来的变化效果是因为声音的不同构成成分,以及声音之间不同的配合形成的。音乐最基础的成分可以分成音高、旋律、和声、音量、音色以及节奏六个部分。音高与音量,赋予了音乐不同的声响,使人类能够最直接地听到音乐,感受到音乐。而其他四个部分也相互配合,使音乐呈现出不同感觉、不同情绪,是音乐具有艺术美的重要原因。从音乐治疗的角度来看,这六个方面都与欣赏者的情绪有着密切的联系。

音高的存在,使得声音具有了高低声调,而音高的高低则取决于声波频率的变化。所以,当音乐中音高发生变化时,欣赏者的情绪往往也会随着音高的起落而发生高低变化。研究显示,当音乐中音高的波动频率较高时,听众的神经往往也会受到更为强烈的刺激,这时候神经的活动就更为活跃,相对人的情绪也更为高昂;当音高频率降低,神经受到的刺激就会变小,这时神经活动自然较少,情绪也会更为平和或是较为压抑;在高频和低频之间,也就是中音区域时,神经刺激就较为规律,神经活动就会更加平缓,反映到个体情绪上来看,也是更为平静的感觉。在这种影响之下,当音乐高亢激昂时,听众往往会陷入一种兴奋的状态;而低音带来的往往是情绪的低沉,特别是加入悲情的歌词甚至会产生催人泪下的效果;当中音出现的时候,个人的情绪也会变得更为舒缓、平静,同时,中音也为高音和低音对情绪的影响提供了更多的对比基础,也丰富了音乐情感的表达。可见,音高通过声波频率的变化对人体情绪的影响是十分明显的。

在音乐中,音量也被称为"响度"。音量的高低起伏与音高相似,都会直接地带动欣赏者情绪上明显的变化。在音乐中,巨大音量响起时,往往会令人精神一振,给人体的神经带来强烈的刺激,可以使神经迅速进入兴奋的状态之中;而轻微的或是相对较轻的音量则有安定的作用,对神经的刺激较弱,在催眠曲中常常被应用到,可以有效地将兴奋的神经安抚下来;而音量中等的音乐则会给人以随和、平静的感觉,因为音量适当会使神经感到更加舒适,兴奋度也会保持在一种适中的状态。也是基于这个原因,音乐家常常利用音量的变化来调动听众的情绪,将听众带到自己的精神律动当中。不同的音量既会让人产生激昂、高亢的昂扬斗志,也会让人感到虚弱、沉寂,产生一种昏昏欲睡之感,当然,中等的音量也会带来平静和舒适,对于恢复情绪有着很好的效果。

音乐当中的音色十分奇妙,不同的乐器有着不同的音色,不同的歌唱也有着个人特色的音色效果。同样的音乐,在不同的音色之下也会产生不一样的感觉,音色也可以通过波形表现,因此,不同的音色就有着不同的波形,对人脑相应地产生不同的刺激。音色本身是没有节奏的,音色的不同来自听众的感觉,音色往往也会传达出不一样的情绪。通常来看,音色的变化和不同来自和弦,同样的曲子,中国短笛往往会鸣奏出轻快愉悦之感,而箫也许就会产生沧桑悲凉的情绪。同样,小提琴的音色带给人以灵动,而大提琴的音色感觉更为稳重低沉,而低音提琴甚至会带来沉闷的情绪。随着人类对音乐的不断探索,科技在音乐当中也不断融入,电子音乐的出现丰富了音色的世界,给人的感觉更加多样化,产生了许多传统乐器都难以发出的音色,这无疑大大丰富了音乐治疗的手段。

音色不仅仅出现在乐器当中,人声的音色更是多种多样。美声当中的花腔难度极大,富有强烈的穿透力,而男女低音则会更为深沉,在抒情上更有特点。两个高音的歌唱家同唱一首歌,也会产生不同的音色,给听众的情绪感染力也会有差异。这是因为,不论是乐器还是人声,音色都是不尽相同的。世界上没有两片同样的叶子,具有差异的音色也带来音乐艺术无尽的艺术魅力,对听众来说也有着无尽的吸引力。自然,对于人的情绪也会产生更多的调动和影响。

音乐当中的旋律是单音的连续组合,旋律会按照音高和节奏的起伏进行组织。通过旋律,音乐家能够很轻松地将音乐作品所要表达的情感向听众传递。旋律是音乐的灵魂,一段优美的旋律可以轻而易举地唤起听众的美好想象,引导听众获得良好的精神体验。在聆听音乐作品时,越是了解音乐的人就越会对旋律产生更多的期待,因为旋律期待与聆听者的旋律经验有着密切的联系。当音乐作品的旋律能够满足自己的旋律期待,自己的旋律经验可以与作品的旋律产生联系,就会使聆听者获得精神的满足,产生良好的艺术体验,进而产生良好的情绪。如果旋律不能满足期待,反之则会难以满足聆听者的需求,甚至会令聆听者产生负面情绪。

另外,音乐演绎的过程中,旋律不会停,会自然地产生高低起伏的变化。也就是音高向上或向下的变化,随着旋律的变化音高就产生了变化,相应地,听众的情绪也会随着旋律而发生相应的变化。音高向上,情绪变得更积极、高昂，而音高向下，也就是下行音会给听众带来放松或是被动的情绪。在音乐作品的旋律当中，音高之间是为一定的音乐体系而服务，一些音具有稳定的形式，作为旋律结束的标志，被称为"稳定音"，而性质不稳定的音则被称为"不稳定音"。从情绪影响的角度来看，稳定音给人以安定、安心的感觉，与之相反，不稳定音会使人有一种躁动、不安稳的感觉。稳定音和不稳定音之间的构成体系就被称为"调式"。调式使音乐有了各种音高的组合，赋予了音乐多变的特质。在音乐当中，调式有很多分类，各种调式都会给听众带来不同的情感体验。例如大调式常常给人以隆重、庄严的感觉，而小调式往往会让人感到悲伤、沉寂。

在音乐当中，和弦是一个十分重要的组成部分，和弦指的是三度音程重置的三个或三个以上的音同时构成的组合。和弦由音构成，三个音构成的和弦就是三和弦，而四个音构成的就是七和弦。由于构成和弦的每个音都有不同的位置，所以和弦也就有了区别，通常可分为协和与不协和的差别，协和的和弦往往音韵饱满，而不协和的和弦声音更为尖锐、高亢，给人以紧张的感觉。

节奏是构成音乐的基础，人类对音乐的探索就是从音量和节奏开始的。在音乐当中，有了节奏才使音乐被称为"音乐"，没有节奏的音乐就不是音乐，而只是声音。所谓的节奏是指各个音之间在时间差上的关系。节奏包括速度和节拍，各个单音在不同的节拍和速度下会产生千变万化的音乐演绎方式。在音乐的节拍当中，强拍和轻拍交错出现，其各自代表的重音和轻音也在这种交错当中给人以律动感，这种律动感就是节拍。在一定的时间内所打出的节拍被称为"拍子"，常说的三拍子、四拍子指的就是不同的节拍。速度是指音乐进行的快慢。在音乐演绎当中通常分为快、中、慢三种速度。同样的曲子，在不同的速度下进行演绎，也会给听众传达出不同的感觉和情绪。换个角度来看，这就和人在说话时的感觉一样。一个人说话不紧不慢，慢条斯理，就会让听者的情绪放缓；一个人说话语速快，往往会给听者传达一种紧迫感，使得听者觉得紧张、着急；而一个人说话匀速，抑扬顿挫，往往会更加吸引听者的注意力，令听者感觉更加舒服。而音乐中的拍子也是这样的原理,二拍子就要比三拍子节奏相对慢,会使人有一种坚定的感觉,而三拍子更富有节奏感,所以常常运用在圆舞曲当中。

另外,人类对于节奏有本能的知觉,在一定的节奏下,人会自然而然地产生情绪,并被节奏所吸引。总结来看,人类对于节奏有一种天生的趋向力和辨别力。音乐的元素复杂多变,共同构成了丰富多彩的音乐,给人类带来美好音乐艺术体验的同时,也牵动着人类情绪的变化。对音乐元素的研究不断深入,也是提升音乐治疗能力的重要手段。

音乐治疗是一门边缘交叉学科,其涉及音乐、心理学、艺术、医学、康复学等众多学科。音乐疗法之所以被称为"疗法",是因为音乐对人体的生理和心理活动会产生重要影响,运用"音乐"这一媒介,辅以相应的方法,能够缓解、解决人的某些生理和心理疾病。从目前的理论及实践来看,音乐疗法依旧属于辅助治疗的一种。在音乐疗法众多的定义中,美国Temple 大学教授布鲁夏在其《定义音乐治疗》一书中,对音乐疗法的定义较为科学,即音乐疗法是一个系统的干预过程,在这个过程里,治疗师运用各种形式的音乐体验,以及在治疗过程中发展起来的作为治疗动力的治疗关系,来帮助治疗对象达到健康的目的。这个定义主要强调了以下三个方面。

(一)音乐疗法是一个科学系统的治疗过程

音乐疗法的过程并不是简单、单一、随意和无计划的音乐活动,而是一个科学的、系统的干预过程。在音乐疗法中,治疗师会根据具体情况对来访者进行三个阶段的工作,分别为评估、干预和评价。现在社会上有一些简单、单一、随意和无计划的"音乐疗法",让你听听音乐、唱唱歌、跳跳舞,或许这些音乐活动对某些人来说能够引起一些音乐上的共鸣,产生一定的心理改变,达到一定的效果,但这些并不是真正意义上的音乐疗法,不具有任何临床的治疗意义。真正意义上的音乐疗法必然是一种在专业音乐疗法师有目的、有计划的引导下引起的改变,从而达到治疗目的和效果的治疗形式。

音乐疗法的主要形式是以音乐的体验来引发改变,从而达到治疗目的。音乐疗法是一种以音乐为媒介的治疗,这是区别于其他形式的心理疗法的根本所在。在音乐疗法中,治疗师运用与音乐相关的活动作为治疗手段,如听、唱、演奏、表演、创作、即兴、舞蹈、美术等,使来访者通过对音乐的感受、体验,从而改变其认知,达到治疗的效果。在音乐疗法中,对音乐的界定是非常广的。它不仅包括我们常说的乐音,也包括噪音和大自然的各种声音,如动物的声音、海浪的声音等。

(二)在音乐疗法中,必须包括音乐、音乐疗法师和治疗对象三个要素

音乐疗法一定是以音乐为媒介的一种治疗,不论是在治疗过程中作为辅助手段的音乐,还是作为治疗核心的音乐,在治疗环节中都有着不可或缺的地位。音乐疗法并不是人们想象中的只是听听音乐、唱唱歌,而是以音乐为媒介对人的心理进行干预和认知调节的过程。在这个过程中,必须由经过专业训练的治疗师进行引导和控制,使治疗朝着预期的方向进行,从而达到治疗的目的。音乐治疗通过对人们的情绪和感受的影响,最终来帮助人类进行自我内心的调整,从而进行辅助治疗或直接治疗。它不是魔法不是仙术,通过音乐这种看不到、摸不到的"力量"来潜移默化地影响人们,并调动大量与音乐相关的手段来完成治疗,例如,舞蹈、演奏、演唱甚至是即兴表演。通过积极的、轻松的方式来改变病人的精神状态,消除心理障碍。

音乐治疗的主客体划分十分明显,整个治疗过程主体都是音乐,以音乐为核心,而来访者和治疗师则是客体,在音乐创设的氛围中,治疗师和来访者进行沟通,了解来访者并实施治疗。在音乐中,来访者感到舒适、安逸,没有紧张感,有助于治疗师与来访者之间建立良好的关系。音乐治疗是一种治疗方式,通过这种治疗方式来帮助来访者改善自身的心理状态,通过改善身心状态来辅助或完成治疗。至今,音乐治疗不论在理论层面还是实践层面都已经有巨大的发展,同时也产生了许多学术派别。欧美的音乐治疗在现代发展更早,在不同心理派别基础上也相应产生了不

同的音乐治疗方式,建立了系统的理论体系。

三、音乐治疗的意义与运用

音乐对人的思想精神塑造有着不可替代的作用。在人类文明史发展历程中,音乐都是不可或缺的组成部分。在人类生存以及社会的形成当中,都会发现音乐的存在。音乐的教育不仅仅是一种艺术技能的培养,更重要的是音乐对人精神品质塑造的作用。古今中外众多的教育家都对音乐的教育意义给予极高的评价。正如前文所说,音乐的律动感和音调的变化,也在影响着人的情绪和行为习惯,进而音乐会促使人的道德品质产生质的变化。苏霍姆林斯基认为音乐教育的价值不仅仅是培养了艺术家,"而是培养人"。

儒家代表人物荀子更是在"德治"当中肯定了音乐的教化能力。传统教育更多的是通过语言来实现教育目的,完成教学目标,学生在学习的过程当中感觉更为枯燥。但是音乐却有着与人思想直接对话的神奇能力,在音乐环绕的环境下,人们会更为放松,使精神获得良好的休息空间。所以,我国当前推广的教育模式在教学过程当中加入更多音乐、图像来调动学生的积极性,给学生塑造更加轻松的课堂氛围。这种做法是符合精神规律的,也确实是可行有效的。

音乐直接带给人良好的心灵体验,合适恰当的音乐可以与人们产生共鸣,直接引领人进入一个美妙的精神世界。音乐同书籍一样都是人类宝贵的精神食粮,音乐可以对人类最深处的心灵产生影响,在音乐的世界中,人类甚至会发现自己的潜意识。强大的精神渗透力是音乐的优势,一首平和优美的乐曲会给人难以描述的美妙体验,在优美的音乐当中大脑可以得到休息,心情会得到平复。音乐是人与人之间情感交流的桥梁,古代有伯牙子期的知音佳话。音乐的力量是巨大的,人们在这种力量下甚至会得到精神上的洗礼,并对世界建立一种全新的认知,从而建立自己与外部世界新的联系。这也是音乐塑造人的精神世界,培养价值观、世界观的过程。

音乐是宇宙馈赠给人类的美好礼物,人类是宇宙的一个组成部分,通过音乐,人可以对这个世界有更好的、非同寻常的认识。人类个体的精神世界得到丰富和提升,有利于整个社会精神面貌、文化素质的整体进步。可以说,音乐的力量在于能够与人类精神产生直接的沟通,可以触碰到人类最柔软、最本质的内心世界。

不论是原始时代的自然崇拜产生的巫术咒语,还是基督教平和神圣的"圣歌",都是人们发挥想象而创造出来的。虽然带有宗教色彩,甚至有的还很迷信,但是其带给人们的强大精神力量是不可忽视的,这也是音乐的魅力与力量的展现。不论是中国古代封建社会,还是欧洲中世纪时代,一切与宗教祭祀相关的活动或国家重大仪式上,音乐都是不可或缺的,这种习俗至今仍被各国所沿用。随着人类个体的成长,思维、身体不断增强,人类对音乐的认知也在不断增强。而人类对音乐的喜爱和探究并不仅仅存在于当前的发达时代,在远古时期,我国原始先民已经开始用兽骨制作乐器。国外也有大量史料证明,人类在远古时代就开始制作乐器或是探究如何唱歌。美国的学者发现了一个有趣的现象,不论是哪一个种族、哪一个国家的父母,都会用相似的歌唱方式来哄自己的婴儿,也许这种哼唱没有固定的歌词,甚至没有歌词,但是仍然不妨碍这种哼唱方式成为人类的一种本能交流方式。世界学者也不断地对人类对音乐的本能进行探究,也提出了众多理论,但是有一个结论是统一的,那就是音乐确实与人类的发展和繁衍息息相关。

音乐并不神秘,在今天这个信息极其发达的时代,我们可以随时随地感受音乐。仅仅是"听",那就只是将其作为一种娱乐和艺术体验过程,但是用心感受,却能够发现其中所蕴含的力量。如果用了恰当的方式,甚至可以在音乐的世界当中对自身产生更为深刻的认识。或者,我们可以将音乐当作一位好友,与它分享我们的精神世界,而它将会带给我们人类难以言喻的美的享受。音乐是一种艺术形式,音乐带来了美的体验,在这种体验当中带给人类太多的精神力量,这也就是人类为什么需要音乐。

人类追求美的心是不会疲倦的,音乐带来的美不是外在的,而是精神世界的充实。这种美妙的精神体验是再多物质都难以达到的,同时,美妙的音乐给人的幸福感也使人对音乐产生了更大追逐动力。通过不断对音乐进行探索和发掘,人类将会在音乐世界当中获得更多的力量。

在音乐治疗过程中,我们可以将音乐看作良药,这一剂良药并不苦口,相反还会让人产生美妙的感觉。音乐会在不知不觉当中净化灵魂。将失落、苦闷、悲伤的情绪一扫而光。

音乐治疗的过程与传统治疗最大的不同就是,来访者不会有一种被动治疗的感觉,而是会超越传统治疗的体验。

音乐治疗不是依靠外部药品与设备来解决健康问题,而是通过音乐来激发人体自身的潜能的产生治疗效果。音乐治疗是精神的对话,用心去感受,人们将会发现内心对于音乐的趋同感,越是加深感受就越能感受到音乐给精神世界带来的巨大力量。所以,我们可以认为,音乐并不仅仅是听到的音乐,用心感受将发现音乐当中蕴含着太大的力量,这种强大的力量不会让人恐惧,而是给人以温暖。这种令人温暖、亲切的力量无时无刻不存在于人类的周边,需要人类去用心感受才能获得。

不论是治疗者还是来访者,在音乐治疗的过程当中其实都已经进入音乐的世界,而音乐本身其实就是提升了人类的生命品质,在看不见摸不着却能够带来精神觉醒的音乐当中,来访者获得了难忘的体验。在音乐的世界里面,每一个可以感受到它的人都会产生用语言难以形容的美妙感觉,而当音乐结束时会发现,原本觉得嘈杂、浮躁的周围,渐渐地变得祥和宁静,对于世界也有了前所未有的认知。通过音乐治疗,不论是治疗者还是来访者都会对生命有更深的认识,更加热爱生命,塑造积极阳光的身心状态。

音乐治疗不仅仅是一种治疗方式,更是在音乐当中深入思考生命意义的伟大历程。音乐治疗其实就是一场生命探究之旅,在这个过程当中,不论是治疗者还是来访者都处于一个探究的过程。只不过,这个探究的对象不是学术理论也不是技术项目,而是自然界最神奇的事物与生命。

传统医疗手段局限于就病治病,解决更多的是病患肉体上的痛苦,可是病患的心理创伤要如何恢复也是一个问题。个人精神状态不是通过手术吃药就可以调节的,而音乐治疗作用于临床治疗则可以很好地补充病患心理层面的修复。所以,音乐治疗已经成为被认可的独立的临床治疗手段,并被人们愈加重视。实践表明,音乐治疗可以有效地对精神疾病、智力衰退等身心疾病起到良好的作用。

音乐治疗越来越多地受到人们的欢迎和喜爱,也越来越多地为人们所接受,其意义表现在以下三个方面。

(一)音乐疗法促进了生理、心理科学的发展

音乐疗法借用音乐与来访者共情,导出来访者的不良情绪,并通过音乐治疗师有目的、有计划的音乐安排,使来访者生理、心理回归稳态。大量的实验证明,音乐疗法中的音乐能引起来访者神经系统、内分泌系统、免疫系统等良性反应。在系统的音乐疗法下,这些生理、心理反应促进了来访者良性情绪的发展。音乐疗法中的大量例证为相关生理、心理学研究提供了鲜活的素材,使有关研究能以更广、更深的视角对人的生理、心理现象进行解读。

(二)音乐疗法扩大了精神医疗的边界

常见的心理咨询、心理分析、催眠疗法都属于精神医疗,音乐疗法也属这一范畴。心理咨询、心理分析、催眠疗法的适应人群、治疗方法、理论框架都较成熟,唯其成熟,其治疗不免落于窠臼。音乐疗法的提出,则为精神医疗提供了新的视野,使治疗师能以全新的、不同的方案解决问题。在实践中,音乐疗法还与心理咨询、心理分析、催眠疗法综合使用,多种疗法的共同协作运用,可以产生意想不到的治疗效果。由此,音乐疗法开辟出新的、不同方式方法的应用,使精神医疗的边界大大拓宽。

(三)音乐疗法是中西医疗法的有益补充

音乐疗法还是中西医疗法的有益补充,它是非接触性的、有暗示性作用的,患者对这种非侵入式的治疗有很好的接纳性,通过音乐治疗,能有效调动患者的积极情绪,双向调节人的神经系统、内分泌系统、免疫系统

等,使患者得以康复。音乐疗法中的音乐、治疗师只是治疗过程中的媒介和引导者,其真正作用和目的是激发人的潜能,是真正意义上的自我修复,这种自我修复是人各项生理、心理综合调节的结果,有效避免了传统中西医以药物、手术对人体的侵入式治疗,而对人生理、心理造成的附带伤害。

音乐治疗作为交叉学科的产物,对于医学以及心理学等学科的发展提供了新思路,丰富了治疗学的新形式。音乐治疗的治疗过程与心理治疗过程很相似,都是治疗者通过治疗媒介对来访者进行帮助,通过治疗方式调动来访者的潜能来调节其身心健康。音乐治疗与心理治疗在结果上很相似,通过有效的治疗方式,最终帮助来访者康复,获得更好的生活,融入社会生活。在治疗的过程中,都是运用有效的治疗方式来刺激人体内啡肽增多,从而对来访者的情绪进行改善。

音乐治疗已广泛应用于音乐教育领域和心理治疗领域。音乐疗法在音乐教育领域中的应用,包含奥尔夫音乐疗法、达尔克洛兹音乐疗法和科达伊音乐疗法等,其中应用最广泛的是奥尔夫音乐疗法。奥尔夫音乐疗法也被广泛地应用于儿童音乐教育领域。奥尔夫音乐教学法由德国著名音乐家卡尔·奥尔夫于 1926 年创立。奥尔夫音乐教学法主要是针对儿童音乐教育设计的,其使用的乐器包括嗓音和以各种打击乐器为主的一整套乐器。在整个音乐教学的发展上,奥尔夫本人并没有有意识地将自己的音乐教学法与音乐疗法相结合。

奥尔夫的音乐教育方法主要针对的是正常儿童人群,并不是针对有特殊问题的儿童人群。然而,从 20 世纪 60 年代起,德国的音乐疗法师格特鲁德、卡罗尔和耶加德依据卡尔·奥尔夫的音乐教育思想,经过不断地探索与实践,逐步发展并最终形成了系统化的奥尔夫音乐疗法。

音乐疗法在心理治疗领域中的应用包含邦妮的音乐引导想象、鲁道夫·罗宾斯音乐疗法、心理动力学流派的音乐疗法,以及行为学派的音乐疗法等,其中邦妮的音乐引导想象是音乐疗法在心理治疗领域最常见的应用模式。音乐引导想象（Guided Imagery and Music）是由美国著名音乐疗法家邦妮所创立,简称 GIM。关于音乐引导想象的定义,美国音乐与联想协会（Association for Music and Imagery,简称 AMI）认为,GIM是一个"以音乐为中心的,对意识进行探索的,且用特定排列组合的西方古典音乐,来持续地刺激和保持人内心体验动力的一种方法"。

音乐治疗的发展和广泛应用对于心理学和医学的发展,以及拓展覆盖广度都有重要的意义。由于音乐治疗涉及多个学科,因此音乐治疗也是各学科领域实现深度联系、加深交流的一个广阔平台。随着各个学科交流与融合的加深,音乐治疗也获得了更大的进步动力,也给传统医学以及心理学发展带来了更广阔的思路。

音乐治疗对心理学和医学的前进有着独特的贡献。音乐治疗不同于传统心理治疗方式。传统的心理治疗方式仍局限于沟通和求诊问药,而音乐治疗方式突破了传统的医疗方式。不仅仅是治疗病症,还更加重视人类自身的自愈调节能力,通过音乐这一媒介激发人类自身的无限潜力,最终帮助人类获得健康的身心状态。

音乐治疗不仅表现在心理和精神治疗领域,在临床实践上也有较为广泛的应用。美国就充分地发挥了音乐治疗在临床上的潜力。在术后恢复,以及心血管、高血压、免疫性疾病等治疗领域都有所应用,而且与传统医疗方式比较,其最大的优势就是音乐治疗成本更低、风险更小。因此,美国充分地运用音乐治疗在临床上的作用,不仅为病患提供了更加完善的医疗条件和治疗手段,还相对地降低了治疗成本。不仅在教育上,而且在医学上,音乐可以使来访者获得更好的治疗体验。在舒适、安逸的状态下不知不觉地就消除了病患,自然是人类所追求的,所以,音乐治疗的发展推广不仅仅是推广一种治疗手段,更是推广一种面向未来、符合人类需求的先进医学观念。目前,音乐治疗在我国已经越来越广泛地应用于临床治疗中。

第三节　音乐治疗与经济困难学生的身心健康发展

一、音乐治疗在大学生身心健康教育中的优势

利用音乐治疗这一方式来推动大学生身心健康教育,是非常有效的方法之一。几乎没有人不喜欢音乐,将音乐作为表达自我、实现心理沟通的媒介无疑会获得大学生的好感。研究表明,通过音乐治疗可以对存在不同程度心理障碍的大学生产生不同的积极作用。在音乐的环境下,人类的情绪会得到舒缓,神经也会得以放松,这时人的自信心和自我评价能力也会相应地提升,这对于进行心理治疗或心理疏导都具有重要意义。

音乐治疗为存在心理障碍的大学生提供了一个提升信心的安全环境,在这种环境下,他们有勇气接受治疗师的治疗,打开自己的内心世界,敢于与治疗师进行面对面的交流。这显然是通过传统的语言进行心理疏导难以实现的优势。特别是对于那些自卑、害羞、有交往障碍的大学生来说,会更加有效果。在这种环境下,身为来访者的大学生也会感觉更加自如、更加舒适,他们会对这样的沟通环境报以好感,对于后续的疏导将有着巨大的积极影响。

音乐是一种听觉艺术,具有独特的价值和作用。聆听者在音乐的世界中往往会变得更有思绪,会打开自己的内心与音符共同舞蹈。在学校塑造充满音乐的环境,可以利用音乐将不同的情绪传达到学生的心中,进而建立校园与学生心灵沟通的桥梁。在集体活动中,选择适当的音乐往往会产生出乎意料的效果。运动会上,播放激昂的歌曲要比主持人声嘶力竭的鼓动更有效果;有节奏的鼓声响起,学生们的注意力会不自觉地被吸引。原本死气沉沉的寝室中,一首熟悉动听的歌曲响起,寝室内的室友会不自觉地跟唱,整个寝室的氛围立刻活跃起来,这就是音乐的魅力。学

校组织的集体活动应尽量多地加入音乐,在音乐的影响下,活动参与者会更容易产生精神共鸣,并加深彼此之间的交流。

人们在演唱会、音乐会中常常会感到兴奋、激动,不仅是因为看到了喜爱的歌手和音乐家,还因为音乐对观众的情绪有强烈的刺激,能够将人们愉快、愉悦的情绪轻易激发出来。在身心教育推进的过程中,音乐治疗的加入也会产生这种效用,加上治疗师专业的引导,甚至会产生更好的效果。同时,在校园活动当中,适当地加入音乐能够成为活动参与者交流的良好媒介。因为音乐强大的刺激能力,人们的情绪会得以释放,更加放松。在与他人交流的过程中会更加自在,特别是在双方不认识的情况下,音乐的加入可以帮助双方消除尴尬,让双方的情绪更加高昂,增强想表达的欲望。

在大学生群体中进行身心健康教育其实并不是一件容易的事。随着信息技术的发展,大学生在网络环境下接收到大量的信息。同时,想要学习一项技能或者课程也变得越来越容易。随着社会物质水平的提高,社会上也滋生了拜金主义、享乐主义等不良的思想,这些不良思想也影响了校园。部分大学生抱着功利主义的想法对待课程和知识体系,影响毕业学分的课程就认真学,而与学分不挂钩或是学分低的课程就敷衍了事,甚至出现了"选修课必逃,必修课选逃"的想法。如果身心教育以传统讲授式课程的形式出现,很难引起学生的兴趣。所以,学校在身心健康教育的推进和建设方面,不从学生的角度进行思考,很有可能会产生学生不买账,产生抵触心理的恶劣情况。

然而,音乐是当前大学生普遍喜欢的艺术形式。以音乐作为媒介,将音乐治疗带入大学校园,在一种轻松的、愉悦的音乐环境下,学生是很乐于接受的,身心健康教育并不是一定要以课堂教学的严肃形式进行推广。音乐治疗不仅存在于心理咨询室,学校组织的活动随时可以成为音乐治疗的场所,这样甚至会产生更好的效果。例如学校组织合唱比赛,在合唱中参与的学生不仅可以切身地体会音乐的魅力,还能够在合唱的过程中进行合作,配合完成表演。最终收获的不仅仅是快乐、积极的情绪,还有与同学之间的情谊。

二、音乐治疗对大学生身心健康的作用

音乐在音乐治疗中常常有四种作用:生理作用、社会作用、心理作用和审美作用。这些作用使音乐疗法区别于其他心理疗法,是音乐所特有的,为音乐疗法的发展奠定了基础。

(一)生理作用

大量的研究证实,音乐可以引起和改变人的各种生理反应,改善人体的内稳态,减少紧张、焦虑,促进人体放松,使人的生理、心理反应朝着有利于健康的方向发展。

音乐可以镇痛,这是音乐在音乐疗法中的又一重要生理作用。内啡肽又称"安多芬"或"脑内啡"。它是由脑下垂体和脊椎动物的丘脑下部所分泌的氨基化合物(肽),有止痛和让人欣快的作用,相当于天然的镇痛剂。特殊的音乐可以使人血液中的内啡肽含量增加,从而产生明显的镇痛作用。同时,在人体大脑结构中,由于大脑皮层的听觉中枢与痛觉中枢相邻,音乐在刺激人的听觉中枢兴奋的同时,可以有效地抑制相邻的痛觉中枢,从而达到明显减轻疼痛的目的。另外,音乐还可以增强人体的免疫系统。免疫球蛋白 A 存在于人体的唾液等分泌物中,是人体免疫的第一道防线。

(二)社会作用

音乐作为一种社会性非语言交流的艺术形式,其活动本身也是一种社会交往活动。

人们在音乐活动中进行人际交流与交往,发生着人际关系。人们通过社会人际交往获得信息,发生关系,建立联系。如果这些方面的交流和沟通不足,会严重影响人的心理健康。如一些患有精神疾病、心理疾病和孤独症等的病人,以及长期住院的慢性病患者,由于不能及时地与他人进行有效的交流与沟通,造成社会信息,以及认知缺乏,从而存在和出现不同程度的人际交往功能障碍或不足。音乐为交流沟通提供了愉快、安全、

放心的环境,使人们在交流沟通中建立应有的自信,如合唱、器乐合奏、舞蹈等集体性的音乐活动中,人们可以通过学习提高自己的表达能力、沟通能力、协调能力、与他人合作的能力,以及人际交往能力等,使人们在交往中不断增强自身能力,越来越喜欢参与人际交往活动,变得更加自信。

(三)心理作用

人们对音乐的感受和体验过程是生理和心理相统一的过程,也是心理和情绪相统一的过程。

一首乐曲,不论它是用于治疗还是欣赏,给人的第一感觉一定是对音响的感知。在感知音乐的同时,人们也会被音乐的情感所影响。音乐是情感的流露,音乐对心理的影响主要是经过对情绪的影响而实现。在心理学领域,人们常常以语言为媒介来调整人的情绪。然而,在现实生活中,我们常常遇到这样的现象:道理人人都懂,可要真正运用它说服自己,很难。在治疗中,当用言语调整情绪已无能为力的时候,音乐疗法的优势便显现出来了。早在古希腊时期,亚里士多德就曾指出音乐具有宣泄作用。根据这一原理,人们尝试着用一些悲伤、痛苦、难过、抑郁,甚至是充满矛盾冲突的音乐来激发个体的悲伤情绪体验,帮助他们尽可能地将各种消极的情绪宣泄出来。人们发现,当消极、悲伤的情绪宣泄到了一定程度以后,积极、乐观、快乐的情绪就可能会慢慢表现出来,从而帮助人们摆脱悲伤,调整他们的情绪,改变他们的认知。

(四)审美作用

音乐不受任何现实因素的限制和影响,可以完全依据自己内心世界的需要而变化。

音乐可以以各种形式存在,只要人们能感受到其中的美,就有存在的价值,一个人如果体验到了音乐的美,那就体验到了生命的本质力量,他的生命就会积极向上,充满生机。音乐疗法以音乐为媒介,让来访者感受音乐,体验音乐,将音乐的美通过治疗的形式传递给来访者,使他们产生一种良好的、健康的、积极的情绪,帮助来访者改变自己的行为和认知。

在音乐治疗的过程中,音乐所传达的情感会很容易地影响个体的情感变化。例如在《春江花月夜》这段舒缓柔和的乐曲中,来访者的情绪会更容易平静,在《摇篮曲》的音乐中会更加宁静,甚至会产生安定的作用,《康康舞曲》等轻快的音乐会令人心情大好,甚至有种起身跳舞的冲动。接受式的音乐治疗直接对人的内心产生影响。所以,音乐治疗作为一种治疗手段或一个学科门类,其娱乐性和实用性深受大学生的欢迎。

1.音乐治疗能培养高尚情操

心理健康的关键是拥有健康的心理素质,而个人的心理素质很大程度上是人格和情操的展现。情操是思想和感情的综合体,情操包括一个人的求知欲、审美观、道德准则和世界观等。可以说,情操低下的人是难以在社会立足的,更不会获得他人的好感和认可。大学是人格、情操建立的重要时期,在这一阶段不断地进行自我反思并保持积极的精神状态和心理状态,对于培养高尚情操有着重要的作用。

音乐是陶冶情操的最好艺术形式之一,古代儒家将音乐作为“六艺”之一,其重要原因就是音乐对于情操的培养有着巨大的作用。古希腊的思想家亚里士多德也认为,音乐具有“教育、净化、精神享受”这三种功能,是洗涤心灵、提升思想境界的有效手段。在人类音乐历史长河中有着太多经典作品,这些经典的音乐作品无不是宣扬热爱生命、歌颂英雄、传播正能量的伟大杰作。音乐治疗不仅仅是一种治疗手段,也是艺术熏陶的过程,在这一过程中,不论是治疗者还是来访者都在音乐的海洋中徜徉,接受着音乐对精神、对情操的洗礼。

2.音乐治疗能构建健康心理

音乐治疗是心理治疗的一种方式。可以说,音乐治疗最初就是应用在心理治疗的一种有效治疗手段。所以,音乐治疗必然对构建健康心理有着巨大作用。通过音乐治疗可以有效地提升大学生的自信,对于还在成长的大学生来说,树立自信心是十分重要的。通过音乐治疗的方式给了他们精神上的成就感,让处于心理障碍的学生敢于开口,敢于在他人面前交流。通过参加音乐治疗的相关活动,大学生不仅能够获得精神世界和内心世界的满足,还能对原本负面的情绪和思想进行转变,从而对自己有更为正确的认识,促进身心健康发展。

刚经历高考拼搏的大学生在大学生活中开始放纵自己,生活没有规律,精神状态萎靡,导致消极情绪逐步产生,甚至出现抑郁的倾向。而柔和、舒缓的音乐可以帮助他们打开自己的内心,获得开朗的心情,进而走出寝室拥抱充满阳光的生活。通过音乐治疗对心理进行影响的同时,还能对大学的思维产生积极作用。由于音乐对大脑的神经会产生直接的刺激,大脑的左右脑都会对音乐做出相应的反应。所以在学习或工作之余,聆听音乐会帮助大脑由紧张的状态进入舒缓的放松状态,使大脑获得休息。

另外,由于我国应试制度的实行,使得大多数学生的左脑获得了充分的发展,同时左脑的压力也很大,而右脑相对使用较少,导致左右脑发展得不均衡,这也会间接地影响个人心理健康。导致人情绪变得偏激,过于重视得失,在生活、学习、工作中缺乏创造性思维,没有创造性思维是难以紧跟时代发展步伐的。音乐能够对人类的思维进行影响,帮助思维的发展。通过音乐治疗获得积极乐观的心理,可以在生活中发现更多的美,更加热爱生活,从而促进个人思维的发展。

音乐在人际关系中的桥梁作用巨大,大学生在参加学校组织的各种音乐治疗活动的同时,也在获得更多的人际关系,在音乐的作用下消除了内心的孤僻感获得健康的心理状态,同时也会提升与他人的协作能力。音乐治疗活动或是音乐活动中一个人的失误,很可能让整个活动效果大打折扣,而且这种不和谐会让人感到不舒服,所以每个人都会全神贯注。在不知不觉中参与活动的大学生就学会了合作,并能够在合作中提升与他人沟通与协作的技巧。其实,音乐本身就产生于劳动,在古代,人们集体劳动过程中为祛除疲劳,会喊出声音或通过叫声为自己打气,逐渐地大家形成默契并进行改良,慢慢地就出现了劳动号子。在团体音乐治疗活动中,团体的力量就发挥了优势,人人都建立了亲密的合作关系,相互配合、相互包容,建立了健康的心理状态。

3.音乐治疗能培养健康情感

情绪不稳定是当前我国大学生普遍存在的心理健康问题。情绪不稳定看起来似乎不是什么严重的疾病,可是如果对其忽视,必然会引发大问题。通常来说,情绪不稳定在初期表现得并不严重,特别是大学生正值青春期,控制情绪能力不足难以得到人们的重视,但是随着情况的加深,就会进一步诱发情绪的不稳定,导致大学生情绪调节能力进一步变差,进而产生各种情绪方面的困扰。这些情绪方面的问题将会逐步加重,从而导致心理疾病的产生,如果没有得到及时疏导和调节,极端事件也有可能发生。而音乐则能够对人的大脑神经产生直接的刺激。不同的乐器、不同的旋律都会对人脑产生不同的刺激,进而人也会产生不同的情感。选择适当的音乐,将来访者置身于平缓、平静的音乐当中,情绪也会得以平复。运用欢快的、节奏明快的音乐可以有效地调动来访者的情绪,使其变得活跃,情绪更加昂扬向上。

在合适的音乐之下,音乐可以发挥最大的威力,对人的情绪产生巨大影响。在影响其情绪的同时,也对其情感产生了影响。控制情绪能力的增强,有利于建立健康的情感。所以,通过音乐,利用音乐的能力完全可以帮助大学生建立健康的情感,获得更好的生活质量。我国的《桃叶歌》《阳关三叠》等古曲富有意境,可以对来访者的情绪起到很好的平复作用,对于情绪焦虑、烦闷的学生来说,可以产生积极的作用。

4.音乐治疗能提高社交能力

音乐这门艺术具有表达情感的能力。笔者通过研究和调查发现,与普通学生相比,长期处于音乐学习的学生往往在心理状态方面更加具有特点。音乐在人们的生活中扮演着重要的角色,由于音乐强大的情感传达能力与精神沟通能力,在心理治疗和营造氛围中常常会有它的身影。在音乐心理学的研究中,有一种生理反应叫作"音乐生理激起",这种反应会引起呼吸系统、血液循环系统,以及肌肉系统等人体自身系统的变化。

音乐受到大学生的普遍喜爱,特别是一些音乐类演出,更是会引起青年大学生的关注。在学校组织的团体活动中,音乐性质的活动是不可缺少的。大学生的积极参与不仅获得了精神的洗礼,更重要的是以实际行动参与了校园文化建设,创造了健康向上的校园文化氛围,增强了活动的吸引力和影响力。这些团体活动对学生来说本身就是社交活动,活动中需要人际交往,加强相互之间的交流,这些音乐活动正好为大学生搭建了广阔的平台。

三、促进大学生身心健康的音乐治疗方法

(一)促进大学生身心健康的音乐治疗方法之内化式音乐疗法

内化式音乐疗法最有代表性的就是接受式音乐疗法,接受式音乐疗法也被称为"聆听式音乐治疗"。接受式音乐治疗是一种最常见、最普遍的音乐治疗方式。这种音乐治疗方式是指通过聆听特定的音乐,帮助来访者进行治疗,实现调整心理状态,恢复身心健康的治疗目的。聆听不同的音乐能对人类大脑产生不同的刺激效果,进而引导人产生不同的情绪,通过对人的认知、情绪、内分泌调节等方面的影响,实现对人体生理机能产生积极影响的治疗效果。接受式音乐治疗方式是一种最基本的治疗方式,其治疗效果是显而易见的。接受式音乐疗法运用的前提是治疗师要对来访者的情况有充分了解。根据来访者实际情况,其自身的心理状态、生理机能等情况,选择适合来访者当前实际情况的音乐进行干预式聆听。

在来访者聆听音乐的过程中,身体的生理机能和心理都将受到音乐的感染,通过音乐对来访者自身进行内在调整,实现身心平衡。由于每个人的文化背景和人生经历不同,所以运用的聆听治疗手段也会不同。通常来说,接受式音乐疗法包括音乐想象、音乐回忆、音乐讨论等方式,这需要治疗师根据实际情况来有针对性地进行选择。

人体最基本的构成单位是细胞,细胞维持着人们基础的机能活动,不论是血液循环还是呼吸消化都离不开细胞的参与。接受式音乐疗法将直接作用于人体细胞,音乐的节奏变化将会影响人体细胞的微振,音乐与细胞之间产生共振,从而对人体的代谢活动产生影响,保持人体机能的稳定。在接受式音乐治疗中,来访者在聆听音乐的同时,治疗师再进行心理

干预必定会产生更好的效果。在大学生群体中实行接受式音乐疗法的优势在于，不需要大学生对于音乐有多深的造诣，只要喜欢听音乐就可以实施。当前物质生活不断丰富，当代大学生十分重视精神生活的追求，他们几乎是没有不喜欢音乐的，而且相当一部分大学生对音乐是一种狂热的态度。所以，聆听音乐不会引起大学生的反感，反倒容易获得他们的好感。而接受式音乐治疗在施行方面是比较简单的，来访者不需要去创作、演奏或演唱音乐，只需要去聆听各种音乐和曲目就可以了，在聆听的过程中进行心理干预。

重要的就是接受式音乐疗法不仅接受程度高、实施难度低，还能够获得良好的治疗效果。来访者在聆听音乐的过程中，很容易就进入音乐的世界当中，沉醉于音乐之美的同时，会毫无意识地将心理创伤转变为积极的心态。可以发现，在大学生群体中实行接受式音乐疗法是切实可行的，而且有着十分广阔的应用空间。

接受式音乐治疗在大学生群体中有着很好的应用。人内心产生的压力是指个体感到威胁时所产生的一种紧张状态，而大学生虽然生活在相对简单、单纯的校园环境中，但是现实的矛盾与复杂、理想与挫折、独立与依赖等种种问题、种种矛盾都给当前大学生带来了巨大的挑战和压力。面对这种情况，治疗师应当运用音乐的想象性，对来访者进行引导，在治疗师的引导下来访者进入音乐的想象空间中。运用指导性音乐想象技术来处理大学生心理压力，通常分两个步骤进行。

第一，让来访者选择舒适的方式坐下或躺下，接下来播放合适的音乐。最好是选择一些音乐的零碎片段，这样的音乐片段由于缺乏完善的结构，所以难以表达完整的情感，但是正由于其表达的缺失性，反倒更容易激发聆听者的想象力。在这期间，治疗师需要通过语言来对聆听者的思绪进行引导，安抚来访者的情绪，使来访者感到放松。

第二，治疗师开始通过语言引导来访者的想象，音乐为想象提供了情景，而治疗师的语言则为来访者指明了方向。在治疗师语言的引导之下，来访者的想象有了脉络，开始按照治疗师赋予的内容进行想象，从而达到治疗师所要实现的治疗目标。通常来说,治疗师在语言描述时,通常会描述美好的大自然景色,以此来引导来访者的思绪,给来访者以舒适的治疗体验。

接受式音乐治疗对于大学生有着积极作用。情绪是人对客观事物所产生的主观态度体验,大学生处于青年时期,富有活力的同时往往也很容易情绪化。特别是面临压力的大学生情绪更像是矛盾集中体,他们的情绪往往是波动与稳定并存、冲动与冷静共生。特别是在当前外界刺激日益增多的情况下,大学生的情绪控制力也日益下降。往往一点不如意的事,或面临一些挫折就会产生不良情绪,进而对个体的身心健康产生影响。也就是说,在外界刺激日益强烈的今天,大学生的情绪反倒变得更为敏感和脆弱。

面对这种情况,指导性音乐想象技术的优势就发挥出来了。半指导性音乐想象技术和指导性音乐想象技术相似,都需要利用积极向上的音乐和语言的干预技巧,最终实现治疗的目的。但是在实际操作过程中,二者还是存在差异的。半指导性音乐想象技术并不会对来访者的想象内容加以限定,而是会在来访者自身的想象基础之上进一步去推动,帮助来访者加深想象,从而实现调动自身内在资源的目的。通过半指导性音乐想象技术真正地激发来访者内心的力量,提升抵御不良情绪的能力。

半指导性音乐想象技术治疗方法,通常使用在对大学生情绪失控的过程中,分为两个步骤。第一,治疗师播放阳光、温暖、平静的音乐,对来访者的情绪进行安抚,并给予他们精神上的力量。对他们的不良情绪率先起到一定的抑制作用。第二,治疗师播放的音乐风格开始出现变化,多种风格音乐陆续播放,当然还是要以舒缓平稳的音乐优先,通过音乐给来访者以力量。在享受音乐的过程中,治疗师并不刻意地去干预来访者的想象和思想,而是帮助来访者寻找更多积极的生活经历,在这些经历中帮助来访者发现生活的美好,树立对生活的信心,进而转变自己的情绪。在音乐环境的渲染与治疗师语言的帮助下,使大学生克服不良情绪,寻找个人的自我价值感。

接受式音乐治疗方法对于大学生人际交往障碍也有着很好的作用。人际交往能力一直是我国各学校注重培养的能力,但是随着网络技术的发达,越来越多的学生沉迷于网络世界,更喜欢在虚拟世界中获得友谊。一旦回归到现实社会,往往就难以说出一句话。人际交往是人与人之间通过一定的方式进行接触,从而实现思想交流、情感沟通以及信息传递等目的。当代大学生虽然有着很强的人际交往欲望,可是部分大学生仍然由于自信心不足、害羞,甚至恐惧等原因,难以在人际交往中自如表现,严重者甚至会出现人际交往障碍,不论是对大学生未来发展,还是完善个人素养都会造成困扰。面对这样的问题,治疗师可以运用歌曲讨论的方式来为大学生消除人际交往障碍这一难题。所谓的歌曲讨论方式就是治疗师与来访者共同聆听音乐,聆听过后共同对听到的音乐作品进行讨论,并交流自己的情感、认知以及体验。

歌曲讨论技术不仅在一对一的心理咨询中有着很好的效果,在团体活动治疗中也能够发挥其价值。

通常在实际治疗中分为两个阶段。

第一阶段,治疗师与参与人员通过进行音乐分享,聆听之后再交流自己的聆听感受以及审美感受。在第一个阶段,治疗师和参与人员进行的讨论还局限在音乐中,其实也是通过音乐,在治疗师与参与者之间建立信任和沟通,为之后的进一步治疗作铺垫。第一个步骤仅仅是谈论音乐,其实是很容易吸引参与者兴趣的,在讨论的过程中,不知不觉地参与者会纷纷加入讨论之中并建立良好的人际互动。

第二阶段,治疗师就开始进行深入的讨论,由歌曲的讨论,治疗师将话题逐步引申到思想、情感、价值观等认知层面问题的思考。歌曲和乐曲最大的不同就是歌曲有歌词,这些歌词往往比乐曲更为直接地表达了音乐家的情感和想法。优秀的歌曲往往都是歌词与乐曲的完美结合。一个人对于歌曲的喜好绝不仅仅是因为旋律的优美,歌词也是歌曲的重要组成部分。由于音乐艺术的不断发展,几乎人们普遍关心的话题都会有相对应的歌曲。对于大学生而言,他们所喜爱的歌曲必定是贴近其自身的生活或是能够表达他们的情绪。所以,在第二个阶段,治疗师不仅仅是讨论音乐,而是通过歌曲延伸到参与者所关心的话题。随着音乐的渲染和治疗师的引导,团体讨论会不断升温,参与交流的对象会由治疗师与参与成员转变为参与成员之间的讨论,这时也是整个活动的最关键时期。成员彼此敞开心扉进行沟通,往往会更有效果,因为他们都是大学生,他们彼此更加理解,往往会更容易消除彼此的负面情绪,互相鼓励建立积极的人生观、价值观。

接受式音乐治疗方式可以在大学生的心理教育以及疏导中发挥重要作用。接受式音乐治疗方法是一种科学、有效的心理疗法,这一方式需要多方面的配合与推广。高职院校在推进大学生身心健康教育过程中树立正确的观念,在具体的治疗方式与方法上下功夫。学校应把握接受式音乐治疗的特点,在校园内组织更多的音乐文化活动,营造音乐文化氛围。在音乐的氛围中不仅不会引起学生的反感,还会在无形中陶冶学生的情操,进而塑造他们的品德。在音乐的环境中,潜移默化地对学生的身心进行熏陶。这正是接受式音乐治疗常用的方式。

另外,除了让学生潜移默化地接受音乐艺术的洗礼,还应该将音乐艺术课程的设立放到实处。部分院校的课程集中在专业课程设立上,其实音乐鉴赏课程对于学生的综合素质有着重要影响。另外,在网络时代的便利条件下,高职院校应充分利用网络的优势。高职院校应开设在线音乐试听和音乐鉴赏课程,为学生提供更加方便的学习与欣赏环境。

(二)促进大学生身心健康的音乐治疗方法之外化式音乐疗法

再创造式音乐治疗和即兴演奏式音乐治疗是外化式音乐疗法的重要构成。再创造式音乐治疗也被称为"参与式音乐治疗"。这种音乐治疗方式是通过引导,直接将来访者带入音乐活动中,在音乐活动中实现心理治疗的目的。再创造式音乐治疗通常分为以下几种方式。

第一种是工娱疗法。这种治疗方式充分地发挥了音乐的娱乐功能,治疗师在活动中带动来访者进行演唱、演奏等音乐活动。在这些轻松的、充满娱乐性的音乐活动中帮助来访者融入周围的环境,进而打开内心世界,敢于与他人交流并建立人际关系。但是在进行这一治疗之前,首先应对来访者的实际情况进行了解。如果来访者不善于唱歌或演奏乐器,需要对其进行简单的音乐训练或者改用其他的治疗方式,若是来访者在众人面前难以完成表演而产生自卑或心理创伤反倒会产生反作用。所以,应该充分地考虑来访者的实际情况,另外,运用这一治疗方式,治疗师切记不要给来访者压力,要最大限度地降低来访者的技术负担,让来访者在团体音乐治疗活动中最大限度地表达自己的情感。

参与性音乐疗法,要求治疗师能够对来访者有充分的了解,根据来访者的实际情况,将音乐演奏中的一些技法演变为具体的练习项目,这些技法应该具有针对性,能够切实地对来访者的行为和心理产生改善作用。这种治疗方式建立在乐器演奏的基础之上,因此要求治疗师具备一定的乐器演奏能力,同时应该注意,这一方式的首要目的不是让来访者学会乐器的演奏,而是通过练习的行为对来访者的情绪进行转变,激发来访者的思维,让其充分思考,在学习和练习中获得积极的心态。最终通过思维模式的转变,以及情绪和心态的扭转,帮助来访者建立完善的身心状态。

即兴演奏式音乐治疗就是通过演奏乐器来对来访者进行音乐治疗。在即兴演奏式音乐治疗模式下,通常给来访者使用的是无须经过训练就可以进行演奏的简单的打击乐器,包括鼓、三角铁等。在治疗过程中治疗师通常需要使用乐器来演奏旋律。即兴演奏音乐治疗通常分为三种治疗模式。第一种是音乐心理剧。进行音乐心理剧治疗之前治疗师应准备好需要演奏的打击乐器。这些乐器都是简单的有节奏的,不需要训练就能够演奏的打击乐器。心理剧开始后,参与者要选择一样自己喜欢的或是能够表达自己情感的乐器进行即兴演奏。在演奏的过程中,治疗师应该意识到这不是专业的音乐演奏,而是心理治疗。所以,治疗师要引导参与者尽情地通过打击乐器表达自己的情绪。同时,治疗师要用录音机将整个演奏过程录下,在整个演奏结束后,治疗师带参与者共同重听整个演奏过程。治疗师带领参与者边听边讨论,在演奏的过程中,参与者有哪些情绪,各种声音要表现哪些情绪,通过音乐心理剧的形式,治疗师可以更好地对来访者进行了解,而来访者也会对自己的情绪问题、心理障碍有更加清晰的认识。虽然讨论和总结通过语言来进行,但是乐器演奏却让参与其中的来访者更加深刻地正视自己的内心。在对自己有了更为深刻的认识后,来访者会自发地进行改变。由于这种过程是非语言的,尊重了来访者的隐私,所以让来访者更容易接受。

即兴创作评估是即兴演奏式音乐治疗的第二种模式。这种治疗模式是通过即兴演奏,治疗师对来访者的人格结构进行测量,从而为日后的深度治疗提供参考依据。在演奏之前,治疗师需要了解来访者成长过程中发生过的重要事件以及对来访者的影响,据此,治疗师出题目让来访者按照自己的想法进行即兴演奏。演奏期间,治疗师要借录音做笔记并进行分析。通常情况下,会将来访者的成长经历分为幼年、上学、工作、恋爱、婚后生活,以及其他重要的事件所造成的心理影响等。来访者根据自己在不同的人生经历和重大事件中的情绪,用乐器来进行表现,当然,这种表现的内容还可以继续丰富。来访者可以选择多种乐器来代表不同的对自己有影响的人,来更加丰富地展示自己的人生经历。治疗师通过来访者所展现的这些要素对治疗者的情况进行分析,最终对来访者的人格结构进行掌握。通过这种方式获得的人格结构,将会成为治疗师日后继续实施针对性治疗的重要参考依据,从而帮助来访者尽快地转变内心情绪,建立健康的身心状态。

奥尔夫即兴创作法是奥尔夫教学法在音乐治疗中的应用,这种治疗方式来源于人类创作音乐的天性,利用人类自身的创作欲望来进行设计的一种治疗方式。从总体来看,奥尔夫即兴创作法可以分为六个阶段。在最初的准备阶段,治疗师带领来访者对音乐进行初步的认知并进行情绪的调整,随后通过音乐的进入刺激来访者神经,激发来访者情绪和心理活动。随后就是探究阶段,这一阶段将利用音乐对来访者的原始观念进行探究。接下来就是总结同等反应,音乐的发展与来访者的人际关系发展具有同等性。下一个阶段就是保持即兴音乐创作的形式化,具有形式化可以使来访者在即兴创作中更加投入。最后的结束阶段,治疗师要给此次即兴创作一个确定的结尾。通过这样的方式,治疗师帮助来访者的内心进行深层次的探知,最终获得心理的成长,建立良好完善的心理健康状态。

四、音乐治疗在大学生身心健康教育中的运用

(一)音乐治疗在思想教育领域中的运用

音乐之美的展现,其实是人类自身道德之美的展现。从世界音乐来看,所有流传至今的经典音乐作品无不是歌颂人类的"真善美",所有的优秀音乐作品都蕴含着符合历史发展规律的道德追求。这些音乐作品不仅表现了人类对音乐艺术之美的追求,也是对人类道德之美的追求。所以,这些经典的音乐作品对于人的道德品格也有着深刻的教育作用。

通过音乐,能够有效地培养大学生的道德品格,对大学生的人格进行塑造。在大学,人们往往认为对大学生道德品质的塑造是通过思想政治教育课程来实现的。思想政治教育课程的教学任务之一是培养大学生具备良好的思想道德品格。这种树人育人的观念也是各院校所秉持和推崇的,通过音乐治疗或者音乐教育则能够实现这种树人、育人的目标。从这一点来看,音乐治疗与思想政治教育一样,都在进行立德树人的工作。只不过,音乐和思想政治教育不同,音乐是通过潜移默化的形式,在无形中对大学生的道德品格进行熏陶,而思想政治教育则更加直接,通过理论学习来直接进行精神方面的塑造。

音乐所影响的是人的内在精神世界,当然也包括人的道德品格。通过音乐的方式对大学生进行道德教育,其实也是我国高等院校实现德育的一个重要方式。音乐艺术提升了大学生的审美判断能力,大学生寻求美、发现美的过程其实也是追求道德之美的过程。所以,通过音乐治疗或音乐教育是可以引导大学生提升个人思想道德水平的。经典音乐作品中总是充满着音乐家对人性、对高尚品德的崇敬,所以,在对大学生进行思想道德教育的过程中,音乐是必不可少的一环。

音乐治疗通过团体治疗的方式对大学生的内心世界进行重新塑造,

其实这个过程也是激起大学生高尚道德情操的过程。通过这些音乐团体活动,不仅让大学生更多地交流,同时也对培养理想人格起到了显而易见的作用。另外,通过音乐可以培养大学生的民族自尊心和爱国主义情感。弘扬爱国主义情感,推进民族精神的建设是我国社会主义核心价值观建设的重要内容之一。中华民族能够传承千年,就是因为华夏儿女血液中流淌着不屈不挠的民族精神和强烈的爱国主义精神。所以,对当代大学生加强爱国主义教育和民族精神的塑造是大学教育必须担当的重要任务。在伟大的爱国精神和民族情感影响下,我国传承了太多经典的爱国主义音乐作品,这些作品曲调优美和畅,有着极高的音乐艺术之美。对于聆听者来说,这些作品不仅仅能够带来音乐美的享受,使人在音乐的意境中肆意驰骋,同时,这些作品还能够极大地激发聆听者强烈的民族自尊心和对祖国深深的眷恋之情。

另外,还有很多作品歌颂了祖国的大好河山,在作品中音乐家还对民族文化表达了强烈的热爱之情。这些作品对于大学生来说,不仅仅是获得艺术享受,更重要的是将爱国情怀和人生理想信念传达了出去。极大地增强了大学生对于民族、国家、人民的自信心和使命感。

通过音乐可以对大学生的集体意识和集体主义精神进行培养。随着我国社会的发展,人民的生活也变得日益忙碌。在匆忙的生活中,人们越来越重视个人的得失,甚至产生了利己主义的不良思想。随着教育的发展,社会对当前院校的人才提出了更高的要求,大学生不但要具备个性,发挥创新思维,还需要具备相互合作、相互尊重的集体意识。所以,努力提升大学生的集体意识不仅是学校的任务,也是大学生个人必须具备的素养。当前,大学生重视自我个性的表达,渴望获得更多展现自我的机会。但是,当今社会不仅看重个人的能力,还重视个人在团队中的融合能力,是否能够与他人融洽相处,团结一致完成工作。而且,大学生进入社会后,看似为自己而奋斗,其实最终是服务于社会、服务于人民、服务于国家。当前,我国大学生思想政治教育的重要任务之一是树立正确的世界观、人生观、价值观。

　　在音乐学习中,我们可以发现,音乐由单音组成,单音、旋律、音高等各种元素共同构成了美妙的音乐作品。音乐是一种独特的艺术实践活动,在音乐内部,就蕴含了各个元素的合作,从一定程度上来看,体现了集体主义的精神。特别是在音乐团体活动中,只有每一位参与者都尽心尽力,相互磨合,相互包容,个人服从整体之后,才能展现出美妙的合唱或合奏效果。这种音乐教育的效果是其他教育方式所不具备的,在潜移默化中让参与者切实地感受到合作的力量,这就远远强于单纯说教的效果。

　　在进行思想政治教育的过程中,单纯对大学生进行说教,固然是有必要的,但是随着时代的发展,大学生的思想也在不断地发生转变。当代大学生生活在繁荣的时代,物质条件极其优越,这为大学生思想的发展提供了更有利的条件,当代大学生对于新鲜事物有着巨大的热情,乐于接受新知识,同时具备追求美的审美思想。如今的学校在道德思想教育方面仍继续沿用传统的方式,显然是难以获得学生好感的。所以,高职院校在道德教育方面必须转变思路,更新知识,运用新观念进行教育探索,对传统的思想道德教育进行更新。传统思想教育是通过思想政治课程进行说服式教育,单纯的说教不仅不能吸引学生的注意力,反倒会激起大学生的逆反心理。因此,当前的思想道德教育必须做到情理结合。

　　在理论讲授的同时,加强感情和新手段的融入。音乐就是一种有效的手段。音乐在音乐治疗中发挥了巨大的作用,可以为来访者和治疗师之间搭建沟通的桥梁,用音乐同样可以在教师和学生之间建立一座沟通的桥梁。用优美的富有深情的经典音乐作品来打动学生的内心世界,教师与学生在音乐的世界中产生共鸣,更利于师生之间的交流。通过音乐,让学生发自内心地感受到最美好的情感,进而培养个人的道德情操。

(二)音乐治疗在心理治疗领域的运用

　　当前,随着我国教育市场竞争的日益激烈,有些学校为提升实力逐年扩招的同时,也增加了高职院校毕业生的数量,大学生的竞争变得日益激烈。另外,社会经济水平不断提升的同时,人们对生活水准的要求也在不断提高,生活成本也在增加。当代大学生还要面对就业和学业竞争的巨大压力,这些压力在无形中也促使大学生产生各种各样的心理障碍和心理问题。

为了更好地解决在校大学生的心理问题,建立了心理辅导教师队伍,在心理咨询和心理教育方面尽量满足在校大学生的需求。越来越多的院校开设了心理健康教育课程,定期举办心理健康讲座和各种实践活动来缓解学生的压力,创造积极的人际交往环境。尽管如此,在实际生活中,越来越多的大学生不愿意或是羞于开放自己的内心世界,对心理咨询或心理治疗抱着不信任或无所谓的态度,这就对大学生心理治疗和心理教育的推进造成了困难。所以,高职院校不仅要推进校园内环境和课程的建设,还要帮助大学生打开心扉,使他们真正接受心理咨询和心理疏导。在这种情况下,音乐治疗成了突破高校心理教育瓶颈的可能手段。音乐对人会产生直接的情感影响,通过音乐可以获得大学生更多的认同。要在高职院校有计划地开展音乐欣赏活动,通过音乐对大学生进行潜移默化的影响,来缓解学生的心理健康问题。

音乐的音响刺激了大脑皮层,作用于脑干,直接产生了相应的生理条件反射,从而使欣赏者获得精神层面的情感和审美的升华。但是在实际的心理治疗过程中,要实现提升身心健康的目的,调整心理状态,还需要运用专业科学的音乐治疗相关技术程序。治疗师要将音乐作为一种媒介、一种工具,音乐是实现对来访者精神进行刺激的手段,综合不同的治疗方式使来访者产生不同的表现和反应。实施治疗的过程通常包括聆听音乐、歌唱、参与音乐演奏或跳舞等方式,从而减轻来访者的心理负担,在不断活动中使来访者的情绪保持平和,恢复健康的心理状态。

通过相关专家的验证发现,合理运用音乐对人的大脑进行疏导能够有效地平复其内心的不良情绪,从而对左右脑的平衡协调起到一定的作用,帮助人脑更为敏捷地完成思考。同时,恰当的音乐在舒缓情绪的同时,会直接影响人体的血液运行,从而调整人体的血液循环系统和呼吸系统,对人体的健康起到积极作用。而实现这些联系的手段都是通过合理的、科学的音乐活动来完成的。所以,科学地运用音乐治疗的手段,会给来访者一个轻松的治疗过程,在这个过程中来访者没有痛苦,在不断的情绪变化和丰富的想象中完成治疗,这样能极大地提升来访者的体验感,并获得来访者的信任和认可,获得其更为积极的配合。在治疗师和来访者融洽的关系下,治疗师的各种治疗方式都可以更好地进行,并得到来访者的积极参与,顺利地为来访者建立完善的心理机制,恢复健康的心理状态。

音乐治疗是更为深入的医学治疗方式,其最终目的是要为来访者重新建立心理机制和认知体系,回归正常的生活。所以,音乐治疗不等同于音乐欣赏,不是仅仅给欣赏者带来感官刺激就足够了,而是一个长久的治疗过程。当前,心理健康成为人们关注的重点问题,所以大学生心理健康教育也在火热推进。不过,当前我国多数院校存在重理论、轻实践的问题。心理健康的塑造仅仅通过课堂理论讲授是远远不够的,必须从实践着手,推进实践活动、心理疏导的建设,建立科学、合理的健康心理教育机制。因此,高职院校进一步推进心理教育,进一步利用音乐治疗模式成为大学生心理健康建设的关键因素,在学生情感体验内在变化的过程中真正做到将负面情感向正面情感转化。

一些学校对此也提出了各种不同的手段,例如湖南科技学院就提出了三段式的心理治疗方案。第一个目标是通过音乐建立心理健康教师和咨询学生之间的信任关系,为之后的治疗铺垫良好的合作基础。第二个目标是在治疗的过程中,以音乐的方式为求诊学生带来实质性的情绪或精神状态转变,帮助学生在日常的生活和学习过程中以良好的心态应对负面情况。第三个目标就是通过系统的音乐治疗和心理扶持最终帮助学生彻底解决心理障碍或心理问题,给求诊学生带来真正的、实质性的转变,使求诊学生获得具有一定质量的生活和学习历程,提升自身的情操,最终可以建立乐观向上的心理机制。

弗洛伊德认为人格由本我、自我、超我共同组成。本我就是指最本质的、最为原始的人格,其中包括了最基本的生存需求,如饮食、住宿、健康等最基本的生存欲望,本我是带有动物性的,也是人最基本生存需求的人格,本我一旦爆发,人就会失去社会属性,为满足自己的需求甚至会做出恶劣的事情,所以本我需要人自身的控制力和制约力进行约束。

通过音乐治疗可以帮助来访者更好地控制自己的情绪,其实也就是对于自我加强控制实现治疗的目的。而自我其实是本我进一步的形成,自我能够帮助人更好地认识到自身,对于自身的精神需求有更高的要求,通过自我,人类向往实现自己的愿望,对本我进行满足。音乐作品其实也是满足了人类自我的需求,而音乐家在创作音乐作品时也获得了自我的满足,听众在聆听音乐演奏时,与演奏者产生精神共鸣,从本质上看,也就是演奏者和听众之间"自我"与"自我"的互动、交流。而超我则是在道德准则制约下的高级的、完美的人格,通过音乐的激发作用,人类在音乐的作用下由"自我"的音乐欣赏需求逐步转为"超我"的完美人格。通过适当的科学的音乐形式将个体最好的情绪激发出来,建立完善的人格。

高职院校设立心理咨询辅导,对于处理大学生心理健康问题有着重要的意义,也是解决大学生心理健康问题的有效手段。对于当代大学生而言,具有良好的适应能力和应变能力是身心健康的重要表现。不论是在未来工作上适应新岗位还是处理人际关系,适应能力和应变能力都是极其重要的,提升大学生适应和应变能力也是心理健康教育推进的目标之一,所以创设提升学生适应能力的情景可以在无形中对学生的情绪和精神层面进行影响,标本兼治地预防学生心理健康问题的发生。

由于当前高职院校不断扩招,实行一对一的心理咨询显然难以满足不断增加的需求,用团体咨询的方式来取代一对一的形式更能够适应当前学校的发展需求。通过团体咨询其实也是为活动的参与者提供一个打开心扉交流的机会,团体互动活动创造了安全的环境,增加了学生互相沟通的可能,增加了他们之间人际交往的机会,大大提升了参与者的人际交往能力和在人际交往中的适应能力和应变能力。由于团体咨询难以做到一对一咨询那样有针对性地进行心理服务,所以在团体咨询后,根据实际情况,针对问题突出者再进行一对一的咨询以弥补不足。通过这种团体咨询与一对一咨询相结合的方式,帮助大学生敞开自己的内心世界,加强与外界的交流沟通,促进个人身心的全面发展。

团体心理咨询与一对一咨询一样,都具备心理教育和心理治疗的功能。在团体模式下,由于环境影响,每个个体都有机会表达内心,参与者会对身边的咨询教师或是其他参与成员报以更大的信任。另外,与一对一咨询不同的是,团体咨询不仅是参与者和咨询教师之间的交流,参与者之间也会产生很多交流,在彼此的交流中不仅仅释放了自己内心的压力,而且也加深了彼此的认识,不仅排解了内心的痛苦,还结识了更多的朋友。随着彼此了解的深入,往往不需要咨询教师过多的引导,参与者就可以迅速地进入状态,在交往中彼此给予支持和鼓励,对自己也会有更为深刻的认识,从而建立自信,更好地提升自己的适应能力和应对能力。团体咨询可以通过多种多样的活动进行,如小游戏、心理剧、合唱等活动。音乐是团体咨询不可缺少的角色,通过内化式与外化式相结合的音乐治疗形式使参与者放松情绪,更好地融入集体,在音乐的作用下激发健康向上的积极心态。

参考文献

[1]白延泉.高职院校资助育人的质量提升研究[J].林区教学,2024(5):56-59.

[2]陈彦哲.思政类学生社团在高职院校落实立德树人根本任务中的作用及实践路径探究[J].教育进展,2024(3):752-756.

[3]陈宗霞.大数据背景下高职院校家庭经济困难学生资助体系构建[M].重庆:重庆大学出版社,2021.

[4]董晨晨.新媒体时代大学生资助育人工作策略探究[J].新闻研究导刊,2024(15):154-158.

[5]葛玉军,邹娟."天使"领航德技兼修[M].苏州:苏州大学出版社,2020.

[6]胡淑君.新媒体视角下高职院校资助育人工作策略研究[J].新闻研究导刊,2024(5):175-178.

[7]黄冬琴.红色文化融入高职院校资助育人工作探究[J].智库时代,2023(16):69-72.

[8]黄慧鲜.新时期高职资助育人现状及高质量发展路径探究[J].国际援助,2024(4):10-12.

[9]江应中.学生资助政策的伦理诉求与价值抉择[M].南京:江苏人民出版社,2018.

[10]姜庆华.职业院校家庭经济困难学生成长支持研究——基于职业素养提升视角[J].职教通讯,2024(2):78-83.

[11]柯心.高等教育学生资助法律研究[M].北京:中国法制出版社,2018.06.

[12]雷宁,肖昕,丁迎春.辅导员开展发展型资助育人工作的路径探究[J].新丝路,2024(13):132-134.

[13]李政.归纳与总结:积极心理学视域下高职院校心理健康教育陪伴体系机制建设[J].时代人物,2024(5):92-94.

[14]倪丹.提质培优视域下高职院校精准资助育人路径创新研究[J].湖北开放职业学院学报,2024(12):17-18,21.

[15]彭玲.职业本科高校教师德育领导力促进课程思政育人路径研究[J].现代商贸工业,2024(15):155-157.

[16]曲哲浩.新时代高校发展性资助育人工作探究[J].洛阳师范学院学报,2024(2):88-91.

[17]上海市学生事务中心(上海市学生资助管理中心).资助,托起学生青春梦:上海高校学生资助工作典型案例集[M].上海:上海教育出版社,2015.

[18]陶珊.高职院校发展型资助育人模式的实践与思考——江苏食品药品职业技术学院学生资助工作案例分析[J].品位·经典,2023(16):116-118.

[19]王梦可,陈燕,秦子茜,顾影."互联网＋"视域下高校资助体系隐性思政教育路径探究[J].中国新通信,2023(22):158-160,196.

[20]王培,易倩倩,李胜男.新时代精准扶贫视域下学生资助育人工作研究[J].就业与保障,2024(1):82-84.

[21]王喜雪.多元视角下中职学生资助政策评价研究[M].北京:北京理工大学出版社,2019.

[22]王潇潇,李婷.高职院校资助育人工作实施的探究[J].大武汉,2023(12):179-181.

[23]王一帆.新媒体视域下资助育人工作路径探究[J].文存阅刊,2024(11):40-42.

[24]王寅珏.高职院校大学生士兵资助育人工作研究——以苏州健雄职业技术学院为例[J].江苏科技信息,2024(9):44-47,55.

[25]王智丽.新时代学生资助工作研究[M].北京:经济日报出版社,2019.

[26]肖宏昊.轻创业视角与高职专业课思政教育的融合路径探究[J].科学咨询,2024(10):273-276.

[27]徐婧婧."三全育人"视角下探究高职院校高质量资助育人工作——以合肥职业技术学院为例[J].时代人物,2024(8):154-157.

[28]薛卫民.学生资助政策的实效性及可持续性研究[M].福州:福建教育出版社,2017.

[29]杨清海,郭罡.天津高校资助工作探讨与研究[M].天津:天津教育出版社,2018.

[30]尹陈茜.新时代高校资助育人工作探究[J].国际援助,2024,(16):16-18.

[31]袁贵仁,张光明.完善家庭经济困难学生资助体系[M].北京:人民教育出版社,2012.

[32]张定华.以慈化人以助育人 高职院校慈善助学育人工作实践[M].杭州:浙江大学出版社,2022.

[33]张海华.新时代劳动教育融入勤工助学资助育人工作的探究[J].大众文摘,2023(41):143-146.

[34]赵家瑶.发展型资助视域下家庭经济困难学生综合素质提升路径探究[J].现代商贸工业,2023(20):100-102.

[35]赵婉君."三全育人"理念下高职院校发展型资助育人模式探析[J].公关世界,2023(13):112-114.

[36]郑浩男.新媒体背景下浙江省高职院校资助育人工作难点及对策——以浙江工贸职业技术学院为例[J].现代商贸工业,2024(18):163-165.

[37]朱晨欣.新时代高职院校资助育人工作的创新[J].学园,2024(1):21-23.

[38]宗天煜.立德树人语境下大学生资助育人工作开展路径探究[J].幸福生活指南,2023(26):157-159.